陈氏太极拳套路完全图解

标准56式与老架一路74式

精编视频学习版

高崇、灌木体育编辑组 编著　　杨天硕 摄影

人 民 邮 电 出 版 社
北 京

图书在版编目（CIP）数据

陈氏太极拳套路完全图解 ： 标准56式与老架一路74式 ： 精编视频学习版 / 高崇、灌木体育编辑组编著 ； 杨天硕摄. -- 北京 ： 人民邮电出版社, 2024.4
ISBN 978-7-115-62382-9

Ⅰ. ①陈… Ⅱ. ①高… ②杨… Ⅲ. ①陈式太极拳－套路(武术)－图解 Ⅳ. ①G852.111.9-64

中国国家版本馆CIP数据核字(2023)第143728号

内容提要

本书是为武术爱好者设计的陈氏太极拳套路指导书，由太极拳世界冠军、国家级运动健将高崇示范并作为武术指导。

本书第一章介绍了陈氏太极拳的起源与流派，第二章和第三章通过 1000 多张高清连拍图和细致的文字说明，对陈氏太极拳标准 56 式与老架一路 74 式连贯套路进行了讲解。此外，本书免费提供了陈氏太极拳标准 56 式与老架一路 74 式的套路在线观看视频，以帮助读者快速学习和掌握动作要领。

◆ 编　　著　高　崇　灌木体育编辑组
　摄　　影　杨天硕
　责任编辑　刘日红
　责任印制　彭志环
◆ 人民邮电出版社出版发行　　北京市丰台区成寿寺路 11 号
　邮编　100164　　电子邮件　315@ptpress.com.cn
　网址　https://www.ptpress.com.cn
　北京瑞禾彩色印刷有限公司印刷
◆ 开本：700×1000　1/16
　印张：10　　2024 年 4 月第 1 版
　字数：231 千字　　2024 年 4 月北京第 1 次印刷

定价：39.80 元

读者服务热线：(010)81055296　印装质量热线：(010)81055316
反盗版热线：(010)81055315
广告经营许可证：京东市监广登字 20170147 号

目　录

第一章 陈氏太极拳的起源与流派

起源

追寻陈氏太极拳的源头，最早可上溯至陈氏的先祖陈卜。陈卜原籍泽州（今山西晋城），后迁至今河南陈家沟，并世代居住于此。出于生存与安全的需要，陈卜带领村民练习武艺。陈氏于此地繁衍至第九代的时候，陈王廷出现。根据相关记载，陈氏太极拳是陈王廷始创的。

陈王廷（1600—1680）是陈氏迁于陈家沟后的第九代子孙，字奏庭。陈王廷在祖上传授武术的基础上，潜心研究，并结合其他武学、中医学、道家的阴阳学说及养生观念，创造出既能强身健体，又可抵御敌手的陈氏太极拳。陈氏太极拳经由村民的练习及传承，发扬光大。在陈家沟，几乎男女老幼都会太极拳。“喝喝陈沟水，都会翘翘腿”等谚语充分说明了当地太极拳的流行盛况。

陈氏太极拳的产生，除了陈王廷的努力外，还有一些外来因素：一个是当时武艺高强的蒋发，另一个是明朝戚继光的拳法著作《纪效新书》之《拳经捷要篇》。

蒋发曾是一名山寨首领的部下，武艺高超。他早年认识陈王廷，后来遇难跑到陈家沟，拜陈王廷为师。陈王廷与他亦师亦友，经常切磋武功，这有助于太极拳的产生，以及招式的检验、完善。

戚继光的著作《纪效新书》之《拳经捷要篇》，成于戚继光抗倭时期。明嘉靖年间，倭寇时常进犯我国东南沿海地区。为了抵御倭寇，戚继光为戚家军创编出三十二势拳法。这套拳法十分精妙，且富于变化。陈王廷在这三十二势中，选取了二十九势用于陈氏太极拳。如今陈氏太极拳中的金鸡独立和当头炮等招式，就来自戚继光的三十二势拳法。

流派

陈氏太极拳从架势上分为两种，一种是老架套路陈氏太极拳，另一种是新架套路陈氏太极拳。老架陈氏太极拳产生于清朝初年，由陈王廷编排，共有五个套路。其中一路、二路就是今天广为流行的陈氏太极拳一路和二路。新架陈氏太极拳是陈家沟的陈有本拳师编排而成。与老架相比，新架继承了老架的套路顺序，又摒弃了老架中较难的动作；在架势上，新架的动作更小，转圈小，因此新架被称为“小圈拳”，老架也就相应地被称为“大圈拳”了。新架陈氏太极拳发展至拳师陈鑫时代，陈鑫将太极拳法进行总结，编著《陈氏太极拳图说》一书。

陈氏太极拳流传时间长，很多其他太极拳与之有极深的渊源，比如杨氏太极拳、吴氏太极拳、武氏太极拳、孙氏太极拳等。除了这些太极拳法，陈氏太极拳还有一个重要分支，即中国温县南冷架太极拳。南冷架太极拳为嫡传拳法，一代代传下来，架势纯正，保留着其拳法的传统风格，也尽含太极哲学。到了第四代嫡传大师秦毅风时，他对南冷架太极拳进行了改良，去掉繁杂的不实用的部分，使南冷架太极拳更适合实战，是陈氏太极拳中独具古韵的拳法。

第二章

陈氏太极拳标准56式

第一式 起势

1 保持身体直立，双脚并拢，双臂自然放在身体两侧。

2 左脚向左侧迈，前脚掌着地。

3 左脚全脚踏实。

4 上身向左前方微转。

5 双臂伸直上抬，速度要慢，保持掌心朝下。

6 双肘弯曲，双手提至胸前位置，然后手掌右翻。

7 双掌向着右前方划。

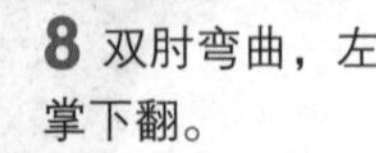

8 双肘弯曲，左掌下翻。

9 向左稍稍转体，保持双肘弯曲。

10 双掌从右向左推出，掌心朝向左前方。

第二式 右金刚捣碓

1 接上式。双臂向左前方推出，掌心朝左。

2 保持双肘弯曲，两掌拨向右边。

3 以右脚脚跟为支点，向右转体；双臂同时水平向右画弧，掌心向右。

4 双掌推至右侧，身体右转。

5 上身向前倾，保持双臂姿势不变。右腿稍稍弯曲，脚掌踩实，左腿蹬直，脚尖点地。

6 左脚向左迈一大步并伸直，脚跟着地，右膝保持弯曲。

7 左脚踩实，上身保持不变。

8 双掌同时向右、向下推。

9 双脚由右弓步变为左弓步，向左转移重心，双掌向左、向下画弧且掌心方向不同，左掌掌心朝下，右掌掌心朝外。

10 左掌向左前推去，左臂逐渐伸展，掌心朝外，右掌保持原来姿势。

11 身体回正，重心前移。

12 右脚向前迈，呈右虚步姿势，然后右掌从后向前画弧，右肘由直变微屈，掌心朝上，左臂向后收回，左掌贴向右臂内侧。

13 右手握拳下落，左手贴向右臂内侧，下身保持原姿势不变。

14 右肘弯曲，右拳向上抬至面部前方，左掌则下落至腹部前方，掌心朝上，接着提右腿。

15 右拳下落，同时右腿下落，左掌姿势不变。

16 右拳向左掌心砸去，拳眼朝上，然后右脚向右落地，屈膝。

第三式 揽扎衣

1 接上式。右手为拳，左手为掌，同时向左前方画弧，下身姿势不变。

2 右拳在上划时变为掌，轻落于左臂内侧，左掌向右上方画弧。

3 左掌划至右胸前靠右位置，右掌举至左上臂内侧，双臂交叉。

4 左掌向下按压，右掌先向外翻，后向右前方画弧。

5 左掌向下画弧，右掌向上画弧，下身姿势不变。

6 双臂继续画弧，下身姿势不变。

7 左臂向左上方画弧，直到左臂完全打开；右臂向右下方画弧，直到右臂完全打开。左膝保持微屈状态，右脚脚尖着地。

8 双臂向内合；同时右脚向右迈一大步。

9 双臂在胸前位置交叉，左内右外，双手掌心的朝向不同，左掌朝右，右掌朝上。

10 右脚踏实地面，变为左弓步，上身朝前，双臂在胸前位置交叉。

11 上身转向左前方；同时右腿微屈，做好准备推掌。

12 上身向右转，右臂从胸前位置向右前方画弧；同时左掌下落。

13 左臂向下至腹部前方位置，右手向右前方画弧，下身重心随上身动作转移。

14 上身稍稍向右转，右肘弯曲，右掌变为立掌，左掌则位于腹部前方。此时下身为右弓步姿势。

第四式 右六封四闭

1 接上式。左掌由内向外翻掌，右掌由上向下翻掌，重心左移。

2 左掌向上翻，并放在腹部前方位置，右手掌心朝内，双腿呈右弓步。

3 身体重心左移呈左弓步，右臂由右侧下落并向左前方画弧，左掌贴于右臂内侧。

4 双臂上举至胸前位置，此时右掌心朝内，左手翻掌并轻抚右臂内侧。

5 整体变为右弓步姿势，右掌向外翻，双臂从左侧向右侧画弧，掌心朝外。

6 双掌下压，按至右腿上方，掌心朝下，身体重心逐渐向左移。

7 重心左移，双掌上提，向正前方画弧。

8 双臂画弧至肩前，左臂屈肘钩手。

9 双掌同时向上翻掌，双臂向左右两边伸直打开。

10 双臂由外向内下按，下身姿势不变。

11 双掌保持掌心相对，然后向下按，直至肩前位置，身体则向右前方转。

12 左脚向右脚的方向上一小步，脚尖着地，右腿微屈；双掌向前、向下推，掌心朝外。

第五式 左单鞭

1 接上式。左掌向上抬至胸前位置，掌心朝下，右掌向腹部位置收回再向上翻，双掌相对。

2 左掌上翻，右掌下翻，双掌位置互换，下身姿势不变。

3 右臂上抬并伸直，右手变钩手，朝右前方，左掌向腹部位置收回。

4 重心转移至右腿，左脚收向右脚，脚不挨地，上身姿势不变。

5 左脚向左迈一大步，呈左弓步，头部左转，看向左侧。

6 右腿屈膝，上身右转。

7 重心右移，整体变为右弓步姿势，左掌向右、向上画弧至右臂内侧，右手一直为钩手。

8 重心左移，左掌向左侧水平捋，一直捋至身体左侧，手臂打开，掌心朝向左侧。

第六式 搬拦捶

1 右钩手变掌，向左画弧，身体重心随之微微左移。

2 右掌移至胸前，掌心朝左。

3 双掌向左下方按压。

4 身体重心右移，呈右弓步，双掌向右肋前方画弧，然后由掌变拳。

5 做好向左转体的准备，重心随身体转移。

6 身体快速转向左侧，双拳向左侧移动。

7 左拳下翻，右拳上翻，双拳同时向左下方按压。双腿屈膝下压。

8 双拳微微上提至左肋前方，双腿保持屈膝，身体回正，眼睛看向拳头。

9 身体快速向右转，双拳向右侧移动，右拳拳心朝上，左拳拳心朝下。

第七式 护心捶

1 接上式。右拳下翻，身体下压，重心右移。

2 左拳向下运动至右腿左侧，右拳向下运动至右腿右侧，左腿屈膝向下。

3 右腿撑地，左腿上提，屈膝，脚尖朝下；同时左臂内旋提肘。接着身体向左转，右脚蹬地跃起（图中未展示）。

4 左腿、右腿一先一后在左前方落下，重心在左腿，左膝微微弯曲。身体向右转；同时左拳从额前位置先外旋，再经左侧腰部位置向左前方画弧，最终与肩齐高。

5 重心向左移。右拳向右前方画弧，与肩齐高。然后右臂保持肘部弯曲，向内侧划至腹部前方，左拳则划至左侧肩部位置。

6 上身右转，重心右移。右拳从右膝前方划向右腿后方位置，左拳则从胸前打向身体右前方，与肩齐高。

7 上身左转，重心向左移。右拳内旋向上，右肘弯曲。右拳向胸前横摆，经过左拳上方后向前击出。

第八式 白鹤亮翅

1 接上式。两拳变掌，掌心上下相对，身体重心左移。

2 向右转体，左脚踩实，右脚脚跟着地。双手掌心相对。

3 右脚踩实，左腿上提并向右腿靠拢，准备向左前方跨步。

4 左腿向左迈一步；同时上身向右转，右掌微微内旋，并置于左肩前方，掌心朝下；左掌向外、向下画弧至胸部右前方，掌心朝上。

5 左手翻掌，右掌向下贴在左臂上方；同时身体下压，重心右移。

6 上身向左转，重心随之左移，整体呈左弓步。

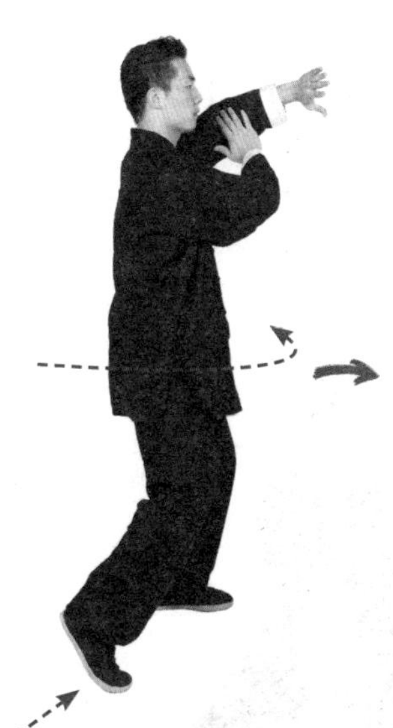

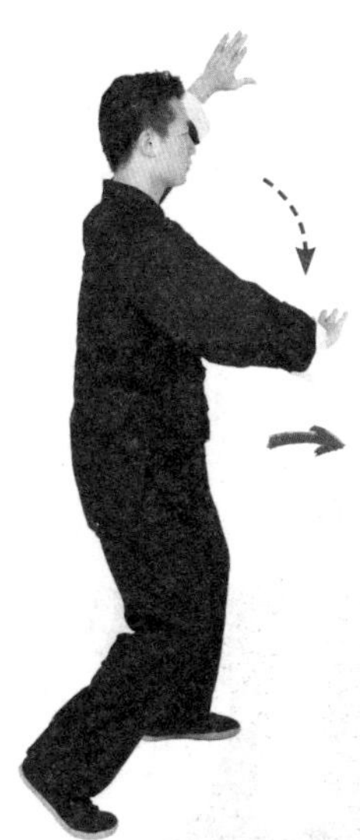

7 右腿上提向左迈一步，脚尖点地；左臂上举，横挡于面部前方，右掌贴于左臂内侧。

8 右掌向右下方画弧，左掌姿势不变。

9 右掌继续向腹部前方画弧。

10 右掌向腹部右前方画弧的同时，身体微微右转，双腿屈膝下蹲。

第九式 斜行拗步

1 接上式。左掌翻掌上举，右掌姿势不变。

2 向右转体，双掌随之转动。

3 右腿屈膝向上提起，左腿伸直，右手翻掌向上，举至身体右前方，左掌翻掌下压至身体左肋位置。

4 双臂旋转，左臂向外，右臂向内，右脚下落。

5 左掌向上翻，托掌，右掌则向下、向内按压至腹部位置。左脚向左前方迈一步，脚跟着地。

6 身体微微向右转，左掌推至肩前，竖掌，右掌向外、向下按压。

7 上身向右转，左脚踩实，呈右弓步。右掌向上翻并上抬至与肩齐高，左掌经面部前方向右肩画弧。

8 右掌向上画弧，托掌；左掌则向下、向内按压至腹部位置。

9 左掌下压至身前低于髋部的位置，右掌提至右耳旁，双掌继续画弧。身体重心左移，呈左弓步。

10 上身向左转，左掌向左、右下画弧，右手随头部左转，自然贴于左臂大臂内侧。

11 左掌向前、向上抬起，腕部略高于肩，然后变掌为钩手。

12 右掌沿左臂前推，手臂伸直，掌心朝外。

13 上身随右手动作向右转，下身姿势不变。

14 右掌水平向右推至身体右前方。

15 身体下压，右掌竖起，手指向上。

第十式 提收

1 接上式。下身姿势不变，左钩手变掌，双臂上抬收回至头部前方且双掌掌心向外。

2 双手分别向左、右两侧画弧至腹部左前方，重心下降。

3 双手翻掌，屈臂，双掌靠近腹部。

4 上身挺起，左腿向右脚收回一步，然后两腿屈曲下蹲。

5 身体向右转，双臂随之转动，左脚踮起，脚尖着地，准备上抬。

6 左脚与双掌同时抬起，左腿屈膝，脚尖朝下。

7 身体微向左转，双手一起翻掌，双臂前伸，手指朝向身体左前方。

第十一式 前趟

1 接上式。左腿向前落下，脚跟着地，右腿屈膝，双掌同时下压至腹部前方。

2 身体向右转，双臂向右画弧，重心随之向右转移。

3 双掌一边向右画弧，一边翻转。

4 重心左移，双掌从身体右侧向上画弧。

5 身体向左转，双掌画弧至面部前方，左掌托住右腕。

6 右脚向左腿迈一步，右脚尖着地。

7 右脚向右前方迈一步，脚跟着地。左掌向下翻，右掌向上翻，在胸前交叉。

8 右脚掌着地，身体重心右移，呈右弓步。右掌下翻，此时双手掌心都朝外。

9 双掌分别向左、向右画弧。

10 双掌外旋至与肩齐高，身体下压。

第十二式 左掩手肱捶

1 接上式。重心移至右侧，右掌向前呈探出之势。

2 左腿微屈撑地，右腿屈膝并提起右脚，脚尖朝下。右掌一边翻掌，一边变为拳，与左掌一起向内收于胸前，左掌放在右臂上方。

3 右脚向下落地，然后左腿向左迈一步，脚跟先着地，随后全脚踏实，右臂向前、向下伸直。

4 身体重心左移，呈左弓步，右拳变掌，双臂向外打开并抬至约与肩齐高。

5 重心右移，双手翻掌，接着右掌变为拳，拳心朝前，左掌立起，掌心朝前。

6 双腿呈马步，双肘屈曲，双手移至胸前，左手翻掌，掌心朝内。

7 右拳收回，做出拳准备，同时身体重心准备左移。

8 重心转移至左腿，上身向左转，右拳翻转向前方打出至右臂伸直且与肩齐高，左掌向左肋位置收回。

第十三式 披身捶

1 接上式。左掌变为拳，向前打出，右拳翻转并收至右肋位置，拳眼朝外。

2 身体重心向右移，左拳收回，右拳向后摆。

3 左拳收至左肋位置，右拳向右前方出拳至右臂伸直，整体上呈右弓步姿势。

第十四式 背折靠

1 接上式。右拳向左侧翻转，左拳向右侧翻转。

2 右拳向上翻转，左拳先向下再向上翻转，至双拳的拳心都朝上，身体重心右移。

3 身体重心左移，整体上呈左弓步姿势；同时上身向左侧转至面向正前方，左拳收至左髋处。

4 上身继续向左侧转，右拳随之转向左侧，左拳保持不变。

5 右肘屈曲，右拳向上立起，左拳保持不变。

6 身体微微向右转，右肘向右上方抬至与肩部齐高，拳心向下，左拳保持不变。

7 右肘继续向上抬至头部右侧，拳心朝斜下方。然后左拳后翻，左肘朝前，双腿屈膝下压。

第十五式 青龙出水

1 接上式。上身抬起并向左转，下身姿势不变。

2 上身直立，右拳上抬，左拳击出。

3 左拳向后、向上画弧，拳心朝右，右拳向前、向下按压，与左拳相对，双腿呈左弓步。

4 左拳朝内向面部方向收，右拳向右髋部收。

5 左臂向下、向左画弧，右拳背于腰后，上身向右转并向前倾，身体重心向右、向前移。

6 右脚蹬地，变为右弓步姿势，右拳向前伸出，左拳收至腰侧。

7 右拳向上抬起，与肩齐平，左肩向前移。

8 左拳一边内旋，一边变为掌，向前、向右移，拇指和食指伸直，其余三指弯曲；右肘屈曲，右拳收回至左胸部。

9 左掌翻转后收，右拳前移，重心随出拳转移。

10 向左转体，变为左偏马步姿势；同时右拳快速向右膝前的位置打出，拳眼斜朝内；左掌则以一样的速度快速收回至左髋位置，掌心朝内。

第十六式 斩手

1 接上式。重心向左移，右拳变掌，准备向前划，左拳轻抵左侧腰部位置。

2 右腿撤至左脚内侧，脚尖着地，然后右掌准备向上翻。

3 身体右转，右脚向前跨一步，脚跟着地。右掌向上翻并抬至高于肩部，手指朝上，左掌向上翻，置于左肋位置。

4 右脚踏实，身体向前移动，将重心放至右脚。双掌向外打开并向下落。

5 左腿屈膝，左脚上提，左手向左上方抬起，举过头顶，掌心朝内，右手下落至腰部右侧。

6 身体向右转，左脚下落贴于右脚，双腿下蹲；同时左掌向右、向下画弧至髋部前方，手指朝前。

第十七式 翻花舞袖

1 接上式。双掌向左上方抬起。

2 双掌下落至约与左肋齐高，双腿屈膝半蹲。

3 双掌上翻，右腿抬起，右膝屈曲，然后左脚踩地、上跳，同时身体借由上跳之力右转180度。

4 双脚落地，双膝微屈，将重心放在右腿。左掌向上竖起，右掌放平。

第十八式 海底翻花

1 接上式。左腿屈膝后撤一小步，脚尖着地。然后左掌向右后方撤，右掌向左掌上方撤，同时双掌变掌为拳，最终右拳悬在左腕上方。

2 左肘屈曲上抬至左手位于胸前，右臂向后撤，同时伸直，最终右拳位于右髋侧。

3 左腿屈膝，左脚上提，脚尖朝下，左拳向外翻并向下落至左髋位置，左臂伸直，拳心朝上，右拳向右上方举起，拳心朝内。

第十九式 右掩手肱捶

1 接上式。右臂向上伸直。

2 右拳变为右掌，下落至胸前，左肘屈曲，左拳向下翻并向右移动。

3 右肘保持屈曲，右掌悬于左臂上，左拳则移动至腹部前方，左脚下落。

4 左脚落地时迅速上抬右腿，上身维持原姿势。

5 右脚抬起后，向右后方跨出一大步，左腿则屈膝下蹲。

6 身体重心右移，变为右弓步，双臂向左右两侧打开并上抬，右拳变掌。

7 身体重心左移，呈左弓步。双臂向上内旋至胸前，伸直。

8 身体重心稍稍向右移动，右肘屈曲，左拳向胸部位置收回，右掌收至右肩位置。

9 右掌向右肋位置迅速收回，掌心贴于肋部。随着转体，左拳后拉，然后快速向前打出，与肩齐高。

第二十式 左六封四闭

1 接上式。左拳变掌，向下、向右画弧。

2 右掌画弧至腹部右侧，右掌向上抬至左手上方，双手手背相对。

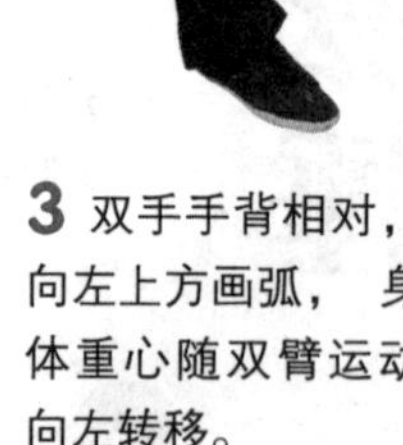

3 双手手背相对，向左上方画弧， 身体重心随双臂运动向左转移。

4 双掌画弧至身体左上方，上身随双臂运动左转。

5 双掌分开（左前右后），同时下划至腹部前方，身体重心随之右移。

6 向右转体，双掌向右画弧。

7 左脚靠向右脚，脚不挨地，准备向前迈，然后向右转体，双掌右抚。

8 左脚朝右前方跨一步，脚尖着地，左臂伸展，左掌上翻，停于左前方，右掌上抬并向右后方收。

9 左臂屈曲，左掌上抬至与肩齐高，掌心朝上，右掌向后移动。

10 向右转体，右臂屈曲，右掌与肩齐高，双脚脚跟同时转向。

11 视线跟随右手。

12 调整双腿为左弓步，双肘屈肘。

13 双掌经由胸前向前下方推，右腿向前迈一步，脚尖着地，双膝同时屈曲。

14 双掌向前推至身体前下方，双掌虎口相对，下身姿势不变。

第二十一式 右单鞭

1 接上式。右臂屈肘上抬，左臂屈肘向下，左掌向上翻掌，双掌最终于身体前方呈抱球状。

2 右掌向前、向下移，左掌上移的同时翻掌，双掌呈抱球状。

3 右掌向后收于腹部前方，左掌则上举变为钩手。

4 左臂上举伸直，左钩手朝下，身体随左钩手方向前移。

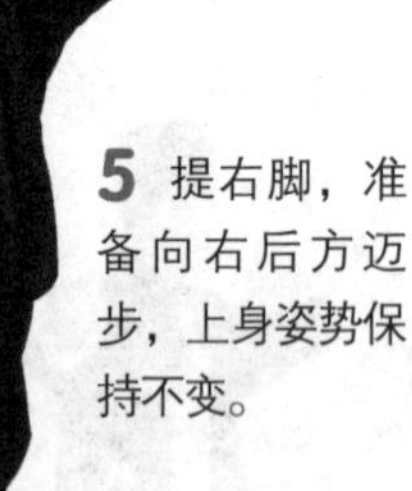

5 提右脚，准备向右后方迈步，上身姿势保持不变。

6 右脚向右后方迈步，双眼望向右后方，整体上呈右弓步姿势，上身姿势保持不变。

7 身体重心左移，右掌向前、向上移动。

8 右掌移至肩部高度并翻掌，掌心朝右。

9 右掌向右画弧，左臂姿势不变。

10 右掌向上竖起，掌心向右，身体下压。

第二十二式 右云手

1 接上式。左钩手变掌，接着向右侧画弧，手指朝左。

2 右脚向左脚迈一步，脚尖着地，双膝微屈，左掌向右画弧。

3 右脚向右后方迈一步，脚跟着地，左膝微屈，右腿伸直，双掌做好向左推掌的准备。

4 右脚踏实，呈左弓步姿势，双掌向身体左侧推掌，手指朝右上方。

5 双掌边划向身体右侧边翻转，身体重心也随之向右转移。

6 双腿呈右弓步，左掌向下画弧，右掌则向前翻掌，移至颈前。

7 左脚提起，移向右后方，脚掌着地，左掌随之向左画弧至腹部右前方，掌心朝右。

8 右脚向右后方迈步，右腿伸直，左膝微屈，变为左弓步姿势，上身微微向左转；同时左掌向身体左侧上方画弧至略比肩高，手指朝右上方，右掌则向腹部左前方画弧，手指朝前。

9 身体呈右弓步姿势， 慢慢向右转体，右掌随之翻掌，掌心向下；同时左掌翻掌，掌心向上。

10 双臂屈肘经胸前向右画弧，下身姿势不变。

11 左肘屈曲，左手掌心向上；右肘屈曲，右掌悬于左前臂上方。

12 接着右臂向前、向上伸出，掌心朝上，左手翻掌，掌心向下。

13 右脚收向左脚，脚尖点地。

14 身体上挺，提右膝，脚尖朝下，左腿伸直，左掌向左前方击出，右掌则向右肋位置收回。

第二十三式 左云手

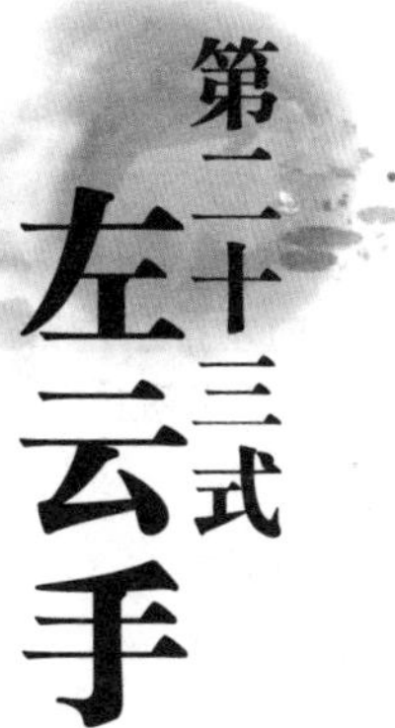

1 接上式。右脚向左脚靠近落下，右掌向前移动。

2 左掌向下压，右掌则上抬至肩前，左脚提起，脚不挨地。

3 左脚向左跨出一步，重心右移，右掌右翻，双掌都向右推掌。

4 身体稍稍向左转，左膝微屈，右脚移至左后方，脚掌着地；同时左掌翻掌，经左前方向胸部位置画弧，右掌下翻，向腹部左侧画弧。

5 左脚向左后方迈步，左膝伸直，右膝屈曲。身体稍稍向右转，右掌从胸前位置向外、向右画弧至身体右上方，左掌向下、向右画弧至身体右下方。

6 左掌收回至胸前，右掌则向右下方画弧，直至右臂伸直，手指朝右下方，身体重心左移。

7 身体稍稍向左转，左掌向左翻，下身姿势保持不变。

8 身体重心回正，左掌向左推至左臂伸直，手指朝上。

第二十四式 高探马

1 接上式。右掌收至后方。

2 双掌移至胸前，左掌搭在右腕上，右掌心朝上，右脚靠近左脚内侧，上提。

3 右脚向右侧跨一大步，右腿伸直，左膝微屈，变为左弓步姿势。

4 上身稍稍向左转，双掌向胸前收，右掌在外，掌心朝左下方；左掌在内，掌心朝右下方。

5 上身转向正前方；同时双手翻掌，掌心朝外，指尖相对。

6 双臂向两侧打开，双肘微屈。

7 双掌竖起，手指朝上，微微下蹲。

8 身体向右转，双掌上翻，然后右掌摆向右后方，手指微朝上，双眼看向右掌。

9 左脚靠向右脚，双臂收回。

10 左掌向左肋位置收回，右掌向前推出，直至右臂伸直，竖掌，双眼看向右掌。

第二十五式 右连珠炮

1 接上式。上身微微右转，右手下翻，掌心朝内；左臂内翻，掌心朝内。

2 双掌上翻，双腿半蹲。

3 身体向左转，右掌向左下方画弧，手指朝左前方；左臂屈曲，左掌上抬至胸前。

4 身体右转，右掌外翻并与左掌一起向右上方画弧至头部前方。

5 身体向右转，左脚向左迈一步，脚尖着地，双臂向右伸出，右臂伸直，左掌搭在右前臂内侧，掌心朝右。

6 身体后坐，双腿下蹲，双掌下压，双手手指朝右上方，置于腹部前方。

7 上身稍稍向左转，重心左移，呈左弓步，双掌向左上方画弧。

8 双臂屈曲，双掌画弧至身体前方高于肩部的位置，右脚提起准备迈步。

9 双掌画弧至左上方，掌心相对，右脚向右侧迈步，脚跟着地。

10 身体重心向右转移，右掌向胸前收回，左掌向腹部位置收回，左手掌心朝下，右手掌心朝左下方。

11 身体重心继续向右转移，上身向右转，左掌贴放于身体左侧，右掌横挡在胸前。

12 左脚向右脚位置靠近，双膝微屈，双掌右推，左掌为竖掌，右掌为横掌，掌心均朝前。

13 左脚向左侧迈步，双掌向右下方画弧，掌心均朝右下方。

14 身体重心向左转移，双掌随之移至身体右侧；同时左掌变拳，拳心朝内，右掌心朝外。

15 右脚抬起，准备向右侧迈步，重心位于左腿，双掌上抬至身体正前方高于肩部的位置；同时左拳变掌，掌心朝内，指尖朝下，右掌心朝上，指尖朝右。

16 右脚向右侧迈步，变为左弓步姿势，双臂向左摆，双掌向左翻，掌心均朝左，左掌在前，右掌在后。

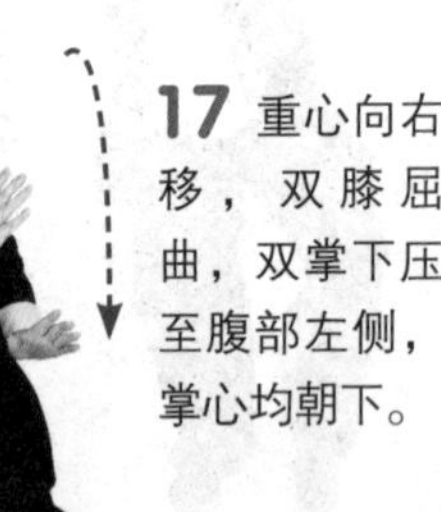

17 重心向右移，双膝屈曲，双掌下压至腹部左侧，掌心均朝下。

18 整体调整为右弓步姿势，左掌移至左肋前方，右掌横放在胸前。

19 左脚靠向右脚，双腿下蹲，双臂伸直向右侧推掌，左掌为竖掌，指尖朝上；右掌为横掌，指尖朝左。

第二十六式 左连珠炮

1 接上式。双臂由右侧向左下方画弧，身体重心随之向左转移。

2 右脚向左后方跨一步，脚尖着地，双掌向身体左上方画弧，右臂屈曲。

3 身体向右后方转，双腿分开伸直，双臂向左摆至身体左上方，左臂伸直，右臂屈曲。

4 双掌下压，双手掌心朝下，右腿微屈，左腿伸直。

5 双臂画弧至身体前方高于肩部的位置，左掌上翻，右掌收回，掌心朝内，左脚尖着地。

6 重心右移，左脚向左跨一步，脚跟着地，双臂向右画弧，左掌竖起。

7 身体重心左移，呈左弓步，双掌收于身体右侧，左掌贴于胸前，右掌贴于右肋。

8 右脚向左脚靠近，双掌向左推，手臂伸直，双掌掌心都朝左，左手指尖朝前，右手指尖朝上。

9 右脚向右侧跨步，右腿伸直，呈左弓步，双掌向下画弧至左下方。

10 整体调整为右弓步姿势，双掌后收，左掌上翻，右掌收至胸前，掌心朝内。

11 双臂上抬至身体前方高于肩部的位置，右掌心朝内，左脚尖着地。

12 重心右移，左脚向左跨，脚跟着地，双臂向右翻，左掌竖起。

13 身体重心左移，双掌下压至腹部右侧。

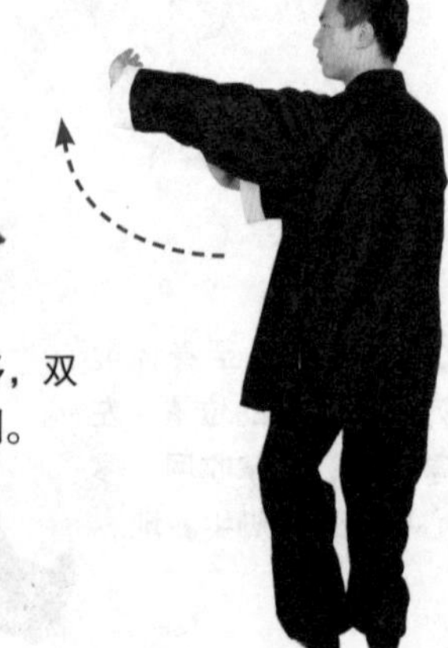

14 右脚靠向左脚内侧，双臂伸直向左侧推掌，左手指尖朝右，右手指尖朝上。

第二十七式 闪通臂

1 接上式。左掌向上翻。右掌下压，收至右肋位置。

2 左脚向左侧跨步，脚跟着地。

3 左脚踏实，重心左移，左掌下翻，右掌上翻。

4 重心移至左腿，呈左弓步，左掌后收至左腿上方，右掌前伸。

5 右掌翻掌，掌心朝前，手指朝上，下身姿势保持不变。

6 右掌朝右横举，变为横掌，左掌上翻。

7 双掌同时向右侧画弧。

8 双掌继续向右画弧，以左脚为中心，身体向右后方转约180度。右脚后撤，脚尖着地。

9 双臂向右侧画弧。

10 右脚踩实，双膝微屈，身体重心位于右腿；同时身体回正，左掌画弧至身体左侧并在左臂伸直后竖掌，右掌画弧至右腿上方，双眼看向左掌。

第二十八式 指裆捶

1 接上式。左掌上翻，右臂下压。

2 左掌向右肩前方画弧并变为竖掌，掌心朝右；右掌则变为拳，右臂伸直，双腿下蹲。

3 右脚提起，身体直立，右臂横挡在面部前方，左手指尖置于右上臂内侧。

4 身体稍稍向左转，右脚下落至左脚内侧，双膝微屈，双腿半蹲，随即右拳向下击出至右臂伸直，左掌在上，右拳在下，左掌为竖掌，掌根置于右上臂内侧。

5 左腿向左迈一步，左脚跟着地。

6 身体重心左移，左腿屈曲，右腿伸直，呈左弓步。双臂向两侧打开，左掌至身体左前方，右拳至身体右前方。

7 整体调整为右弓步姿势，左掌上抬，与肩齐高，掌心朝上，右拳上抬至胸前，拳心朝内。

8 右膝微屈，身体左侧稍前倾。

9 身体重心左移，右拳右前下方击出，拳心朝下，左掌向左肋位置收回。

第二十九式 白猿献果

1 接上式。左掌变拳，抵于左肋处，左肘屈曲，朝向左前方，右拳向上画弧。

2 整体调整为右弓步姿势，右拳接着向右上方画弧，左拳翻出。

3 右膝完全屈曲，左腿伸直，右拳向右腿右部画弧，约与右膝齐高，拳眼朝上。

4 重心左移，整体调整为左弓步姿势，右拳从右下方向左撩，左拳保持位置不变。

5 身体继续向左转，右膝上提，左腿撑地，右拳向前、向上画弧至右肩前方。右肘屈曲，右拳略比肩高，拳眼朝右。

第三十式 双推掌

1 接上式。左腿微屈，右脚向右前方迈步至右腿伸直，脚跟着地，双拳变掌。

2 身体稍稍向左转，双臂向两侧打开。

3 整体调整为右弓步姿势，双臂屈曲内合，双手掌心相对。

4 身体向右转，左脚向前迈至距离右脚一步的位置，双膝微屈，双腿开立，双掌向前翻。

5 双掌向前推。

第三十一式 中盘

1 接上式。双掌向前推，重心稍稍上移。

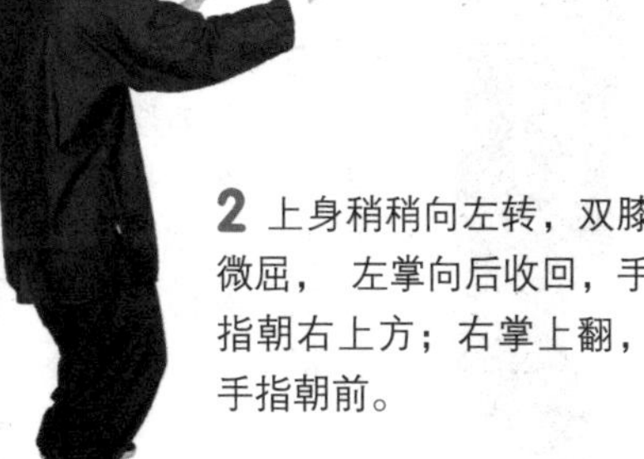

2 上身稍稍向左转，双膝微屈， 左掌向后收回，手指朝右上方；右掌上翻，手指朝前。

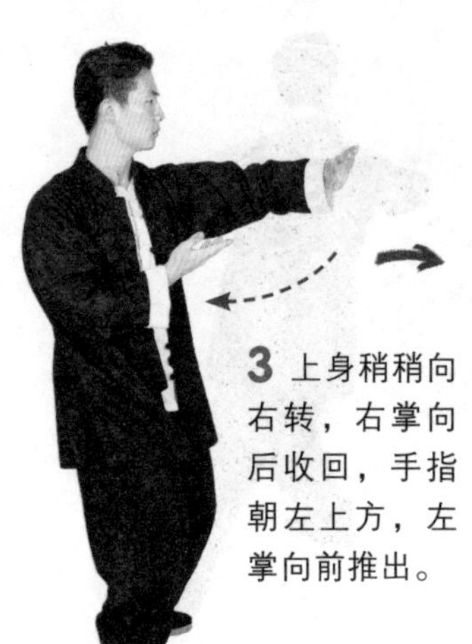

3 上身稍稍向右转，右掌向后收回，手指朝左上方，左掌向前推出。

4 左掌上翻后收，右掌下翻并移动至左臂上方。

5 上身稍稍向左转，右掌水平向前推，左掌向胸前收回。

6 右掌上翻，右臂稍稍屈曲，左掌下翻，同时置于右臂内侧。

7 上身稍稍向右转，左掌为横掌并向前推，右掌向胸前收回。

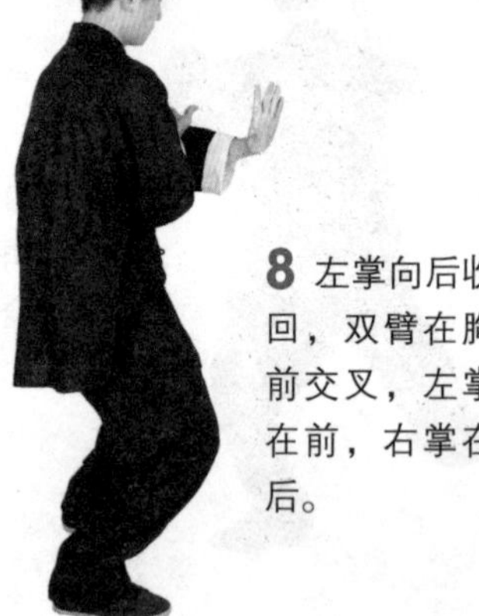

8 左掌向后收回，双臂在胸前交叉，左掌在前，右掌在后。

9 左掌横掌向下按压，并向腹部前方收回，指尖朝右，右掌下翻上抬至胸前，指尖朝左。

10 左膝上提，右腿撑地，双掌分别向相反的方向后摆，左掌摆向左下方，右掌摆向右上方。

11 左脚靠近右脚下落，右掌向右下方画弧，左掌则向左上方抬。

12 右脚上抬，准备向右侧跨步。

13 右脚向右跨出一步，脚跟着地，重心左移，双臂内合，于胸前位置交叉，左腕搭于右前臂内侧。

14 右脚踩实，上身稍稍向左转，重心向下并左移，双臂随之向左下方移动。

15 双臂向右上方摆。

16 上身稍稍向右转，右臂摆至身体右上方，左手置于右臂内侧。

17 左掌向左下方按压。

第三十二式 前招

1 接上式。右掌翻掌，掌心朝上。

2 整体调整为左弓步姿势，右掌向左上方摆。

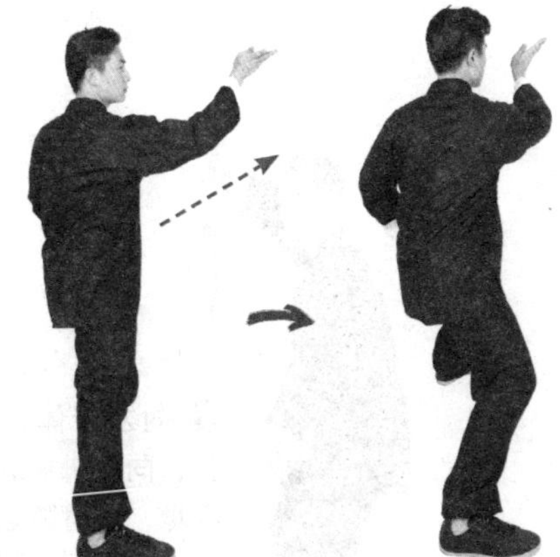

3 上身稍稍向左转，右掌随之继续向左上方摆。

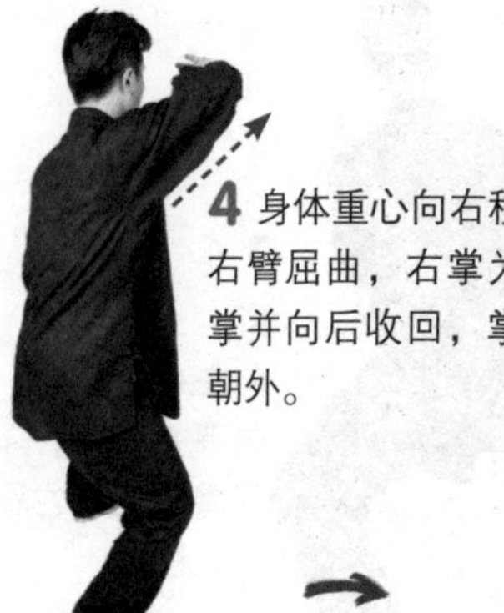

4 身体重心向右移，右臂屈曲，右掌为横掌并向后收回，掌心朝外。

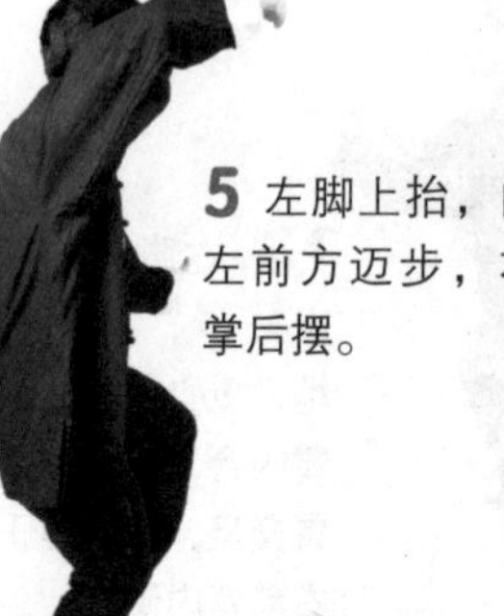

5 左脚上抬，向左前方迈步，右掌后摆。

6 左脚尖着地，左膝屈曲，右掌摆向右上方，左掌摆向左下方，掌心均朝前。

第三十三式 后招

1 接上式。身体向后坐，左脚跟着地。

2 上身稍稍向右转，重心左移，左掌经胸前向上、向左画弧，右掌则经胸前向右下方画弧。

3 向左转体，右脚上抬，向左脚靠近，脚尖着地，双臂随之转动，左掌向前翻并移至额头左前方，掌心朝外，右掌向下画弧。

4 右脚向前迈，变为右虚步。右掌向右膝上方画弧，手指朝下。

第三十四式 右野马分鬃

1 接上式。保持右虚步姿势。

2 身体重心右移，呈右弓步，右手向左上方画弧，左手则向左腿位置画弧。

3 上身向右转，左手经胸前向左上方画弧；右手则向右膝前方画弧。

4 上身稍稍向左转，提右膝至与腹部齐高，脚尖朝下，左掌下划至肩部左侧，右掌向上托掌至膝部前上方，悬臂，掌心朝上。

5 右脚向右迈一步，脚跟着地，上身姿势保持不变。

6 上身向右脚方向移动，整体调整为右弓步姿势。左臂稍稍外摆，手指朝右，掌心朝外；右掌向右上方画弧，直至指尖与鼻部齐高。

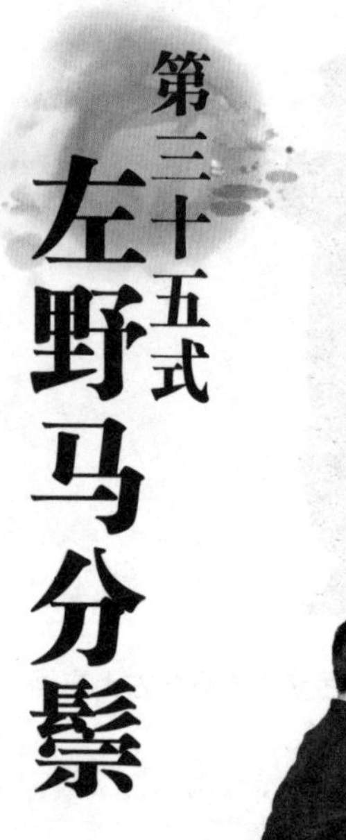

第三十五式 左野马分鬃

1 接上式。重心向左移。

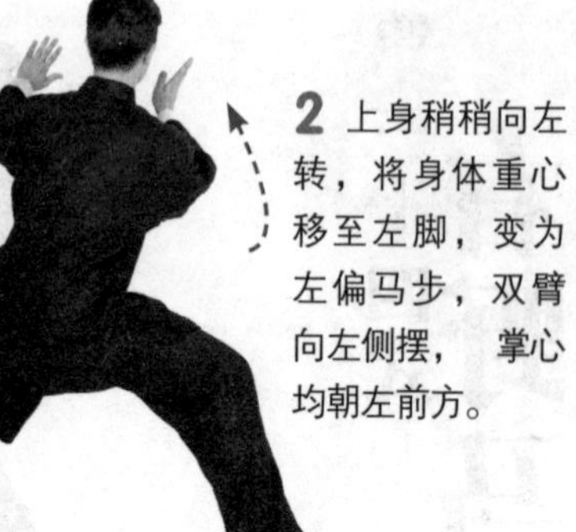

2 上身稍稍向左转，将身体重心移至左脚，变为左偏马步，双臂向左侧摆，掌心均朝左前方。

3 上身向右移动，身体重心也随之向右转移，变为右偏马步，双掌向右摆。

4 提左膝至腹部高度，脚尖朝下；同时右掌向身体右侧画弧，手指朝左上方；左掌则向左膝前方画弧。

5 左脚着地，身体重心也随之移至左腿，变为左弓步，右臂外展，左掌划向左上方，直至指尖与鼻部齐高。

第三十六式 摆莲跌叉

1 接上式。左掌向上举起，右臂伸直并向左侧画弧。

2 右掌向左侧画弧，贴向左掌下方。

3 身体重心逐渐向右转移，双臂同时向右侧摆。

4 身体右转至呈右弓步，双掌摆至右侧，右手掌心朝前，左手指尖搭在右前臂上。

5 双臂向右下方摆，双手掌心朝下。

6 身体重心逐渐左移，上身稍稍向左转，双臂向左、向下摆。

7 整体调整为左弓步姿势，上身向左转，双臂接着向左摆，右手掌心朝上，左手掌心朝下。

8 重心移至右腿。双臂继续向左上方摆，掌心均朝前。

9 左脚抬起，收至右脚内侧，双臂上摆，掌心朝右。

10 上身右转，双臂右摆，双手掌心朝前，手指朝右上方，右膝提至与腰部齐高，脚尖朝下。

11 右腿向右摆，双掌向左推，掌心向前。

12 身体向左转，右脚下落至左脚内侧，双掌变为拳，左拳位于胸前，右肘搭在左腕上，右拳拳心朝上。

13 左脚前迈，脚跟着地，屈右膝，左拳上翻并屈左臂。右拳下翻并举至头顶上方偏右的位置。

14 左脚继续向前滑，右膝着地，双腿贴地。左拳随之向前伸，拳心朝上，右拳举至身体右后方。

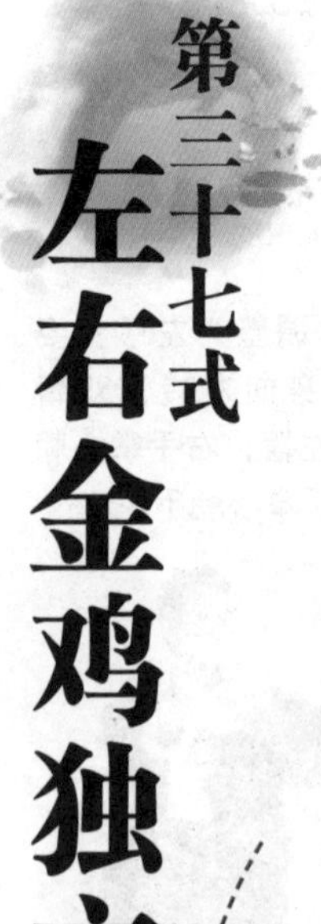

第三十七式 左右金鸡独立

1 接上式。右脚内侧和左脚跟撑地，提左膝，起身。

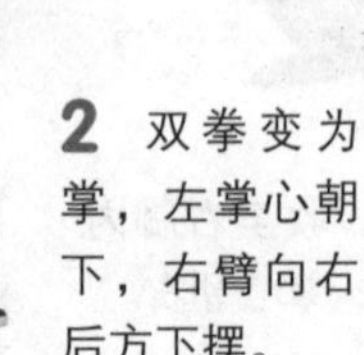

2 双拳变为掌，左掌心朝下，右臂向右后方下摆。

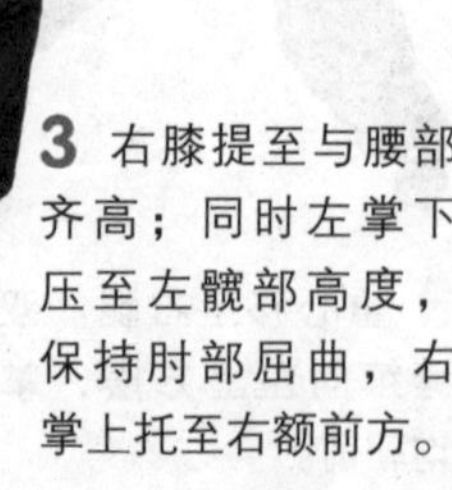

3 右膝提至与腰部齐高；同时左掌下压至左髋部高度，保持肘部屈曲，右掌上托至右额前方。

4 右掌上翻，上举至头顶上方偏右的位置，指尖朝后。

5 右脚朝距左脚一步的位置放下，右掌向右肋位置下压。

6 身体重心向左移，双臂向右、向下摆，指尖随之朝下，掌心朝后。

7 双掌一起前翻，手指均朝右，提起右脚。

8 向右侧迈步，屈左膝，调整为左弓步姿势，身体稍稍向左转，双掌向左下方摆。

9 左腿伸直，右腿屈曲，调整为右弓步姿势，双掌向右摆。

10 身体稍稍向右转，左膝抬至腹部高度，脚尖朝下，左手翻掌，左臂屈曲，托掌于左额前方，右掌向下划至右髋位置。

11 左臂向上伸直，左掌上翻举至头顶上方偏左的位置，指尖朝后。

第三十八式 倒卷肱

1 接上式。左脚向左后方下落，双腿屈膝下蹲，左掌下压至左肋位置，右掌变横掌并上举至胸部前方。

2 右掌向前推出，并稍稍向右摆臂。

3 左臂伸展上抬至约与肩齐高，接着双掌向上翻。向左转体，右腿前迈一步，蹬右腿，屈左膝，双臂随身体转动。

4 身体向右转，右脚向左后方迈一步，屈右膝，重心后移，左手翻掌向前推，右掌下翻，向后收于右腿上方。

5 上身稍稍向右转，双臂在身体两侧伸直且与肩齐高。

6 双手同时翻掌，掌心均朝上。

7 身体向右转，左腿前迈一步并伸直，右腿屈曲，双臂随身体转动。

8 身体向左转，左脚向左后方迈步。右掌从右耳一侧向前推，掌心朝前，左掌下翻，向后收于左肋位置。

第三十九式 退步压肘

1 接上式。右掌翻掌，右臂收回。

2 上身向左转，重心随之移动，变为左弓步姿势，左臂向身体左前方伸，手掌与胸部齐高，右掌内旋置于右胸前方。

3 向右转体，身体重心随之右移，然后双臂水平向右摆。

4 右肘屈曲，内收于胸前，掌心朝下；左臂同样内收于胸前，掌心朝上，双臂相叠且右臂在上，左臂在下。

5 身体向右转；同时左脚向右脚的后方迈一步，双臂随之转动。

6 身体继续向右转，右脚向右后方迈步，双腿屈膝下蹲，左掌变横掌并迅速向左前方击出，右掌后收于右肋位置。

第四十式 擦脚

1 接上式。整体调整为右弓步姿势，同时左掌向下按压。

2 左掌向右髋前方捋。

3 身体重心左移，呈左弓步，左掌变横掌并向左上方摆，右掌向右下方摆。

4 右脚向左前方迈步，左臂屈曲，向胸前横劈，右臂同样屈曲，与左臂在胸前相交。

5 双膝屈曲、下蹲，左脚脚尖着地，身体重心转移至右腿。

6 立身站起，双手分别向两侧画弧。

7 右腿蹬地发力，左脚向前、向上踢，绷脚，双腿伸直。右臂向右侧打开并抬至高于肩部，掌心朝外；左掌在左脚踢出的时候，击打脚面。

第四十一式 蹬一根

1 接上式。左腿下放，屈膝，脚尖朝下，双掌下划。

2 向右转体，左脚下放，脚尖着地，双臂屈肘收向胸前。

3 继续向右转体，右腿向右屈膝，左腿向左打开，双臂屈肘上抬。

4 双掌同时向外、向下画弧，右腿向左侧收回。

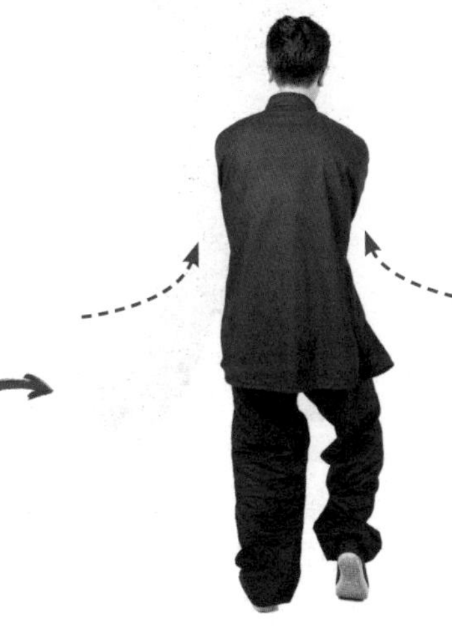

5 双掌向上、向内画弧，双腕在胸部前方交叠，左腕在上，右腕在下。

6 双掌变拳，拳心向内；同时左腿支撑身体，右脚上提，脚尖朝下。

7 右脚向右踢，右腿伸直且约与地面平行，脚尖朝前；同时左臂向左上方展开，左拳变钩手，右臂向右下方展开，右拳变钩手。

第四十二式 海底翻花

1 接上式。左腿蹬直，右腿上提，大腿约与地面平行，脚尖朝下。双拳于腹部左前方交叠，右腕搭于左腕上，拳心朝内。

2 身体向右转，左臂伸直上摆至左拳位于头部左上方，右臂伸直下摆至右拳位于右髋右侧。

第四十三式 击地捶

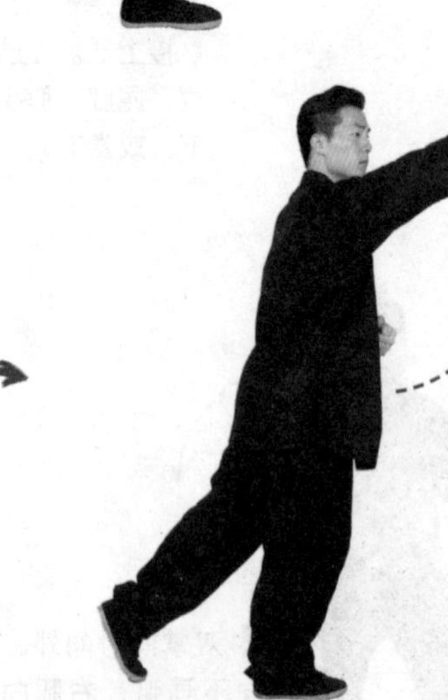

1 接上式。右腿向前迈，脚跟着地，左拳向下落。

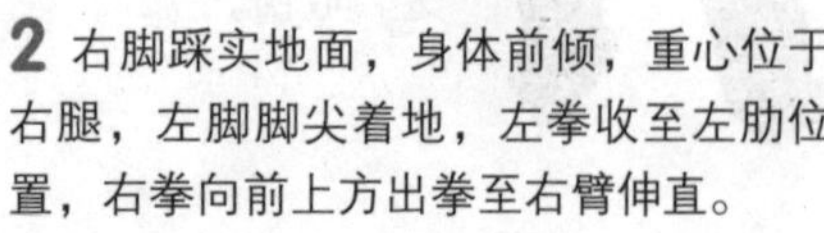

2 右脚踩实地面，身体前倾，重心位于右腿，左脚脚尖着地，左拳收至左肋位置，右拳向前上方出拳至右臂伸直。

3 左脚向前迈步，向上跃起，右脚抬起，右臂屈肘，右拳收回，左拳后摆。

4 右脚脚跟着地，向右前方蹬出，左拳从左后方向左肩前方画弧至高于肩部的位置，右拳则向下画弧。

5 右脚踩实，重心移向右腿，呈右弓步，向右转体，右拳上举至右耳旁，左拳向前、向下打出并最终与腹部齐高。

第四十四式 翻身二起脚

1 接上式。双拳朝下，呈右弓步。

2 调整身体重心，变为左弓步姿势，左拳后撤至左耳旁，右拳向右下方打出至右臂伸直。

3 身体向左转，左脚转向左侧，绷直，重心在后，右膝屈曲，左拳摆至左髋旁，右拳摆至头部右上方，双臂微屈。

4 身体重心移至左腿，左腿蹬直，右脚脚尖着地，左臂向后摆，右拳向内翻。

5 右脚向前迈步，脚跟着地，左臂向前、向上摆，右臂向后、向下摆。

6 右脚踩实，身体重心移至右腿，上身前倾，左脚脚尖着地，左拳变掌，朝腹部前方下压；右拳变掌，朝头部右侧上摆。

7 右腿蹬直，向上提左膝。

8 右脚用力蹬地，使身体腾空，左脚向前、向上踢后在空中快速回落，换右脚向前、向上踢至约与肩齐高，右掌拍击右脚脚面。左掌向上、向左画弧至与肩齐高。

9 身体向下落，左脚先着地。

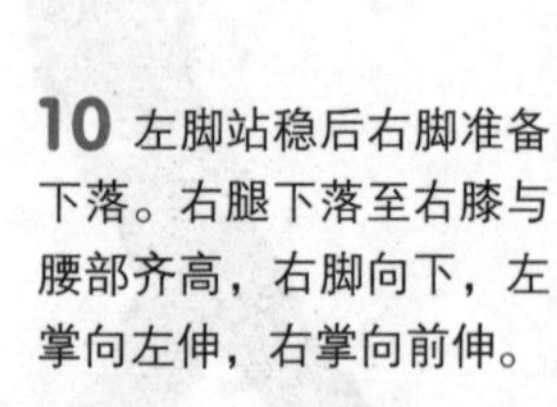

10 左脚站稳后右脚准备下落。右腿下落至右膝与腰部齐高，右脚向下，左掌向左伸，右掌向前伸。

第四十五式 双震脚

1 接上式。右脚继续下落，还未完全落地时，左脚踩地发力，身体向后跳，双掌向身体两侧打开至双臂伸直且与肩齐高。

2 右脚先着地，双掌向身体两侧按压。

3 左脚落在右脚后方，双手翻掌，向上托举。

4 双掌经腹部前方托举至胸前，左脚支撑身体。

5 双手翻掌，向腹部前方下压。

6 双手再翻掌并上托至胸前（右腕略高于肩部），提右膝，左腿蓄势蹬地，身体向上跳。

7 左脚先落地，双掌在左脚落地时下翻。

8 右脚向下落，双手向腹部前方按压。

第四十六式 蹬脚

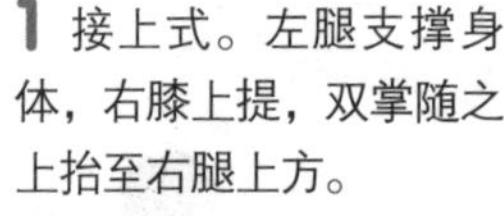

1 接上式。左腿支撑身体，右膝上提，双掌随之上抬至右腿上方。

2 右腿迅速伸直前踢并用脚跟前蹬。前踢的高度应超过腰部，右掌竖起前推，手腕与肩齐高，左掌架在头顶上方偏左的位置，左肘微屈。

第四十七式 玉女穿梭

1 接上式。右脚向前落下，脚跟先着地面，身体重心向前转移，双手跟随下翻。

2 右脚踩地发力；同时左脚向前摆，带动身体向上跳起并在空中向右转。然后左脚落地，双臂屈肘。

3 右脚落在左脚左后方，双膝微屈。接着左掌快速竖起左推，右臂屈肘并向右侧移动至右掌位于右肩前方，右手翻掌且掌心朝前。

第四十八式 顺莺肘

1 接上式。以左脚跟为轴，身体向右转180度，双脚踩实。身体重心位于右腿，双臂随之摆动。

2 上身向左移，身体重心移至左腿，然后右臂向下划，左臂向上划，右脚先向上抬，后向前蹬出。

3 上身向右移，双臂在胸前位置交叠，左臂在上，右臂在下，左掌为竖掌且掌心向右，右手掌心向上。

4 屈双膝，髋部下沉，重心偏左，双臂在胸前交叠，变掌为拳。

5 上身迅速向右转，双臂屈曲，从两侧分别向后方顶肘。髋部下沉，变为马步姿势。

第四十九式 裹鞭炮

1 接上式。左拳向右胸前收，拳心朝内抵住右胸，右拳朝左下方打出。

2 右拳向右上方摆至头顶上方，拳心朝外；左拳则向左膝前方打出。

3 左脚蹬地，身体向右转90度，提右膝，左臂上举至耳侧，右臂下落至体侧。

4 右脚落于左脚前方，左腿屈曲。左拳从左上方开始向右下方摆；右拳则先朝下摆，再朝右上方摆。

5 左脚向左迈步，重心位于右腿，右臂向右下方摆，右腕压在左腕上，双手拳心朝内。

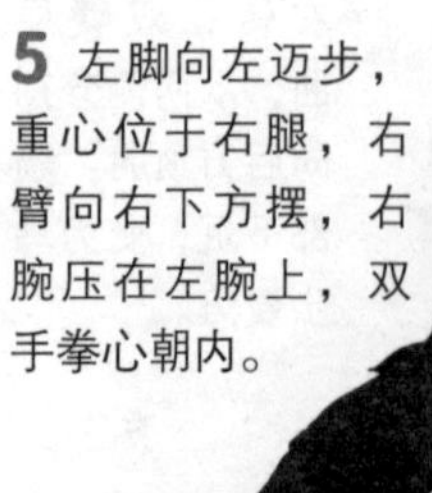

6 身体重心稍稍向左移，双腿呈马步姿势，双臂向两侧微屈打开，拳心朝上。

第五十式 雀地龙

1 接上式。双臂向两侧打开，双腿呈马步。

2 上身向右转，左拳随之向下、向右画弧。然后恢复马步姿势，左臂向右侧伸直，右臂收至胸前。

3 身体向左转，调整为左弓步姿势，左拳向左上方画弧至左肩前上方，右拳姿势保持不变。

4 左膝完全屈曲，身体向下坐，右拳经左臂内侧、大腿内侧向前方打出。

第五十一式 上步七星

1 接上式。身体重心右移，上身前倾，呈右弓步姿势，右拳上举至与肩齐高，左拳下落至与腹部齐高。

2 身体向右转90度，左脚向前迈，脚尖着地，左腿伸直，重心位于右腿，左拳前伸，右腕放在左腕上。

3 双拳一起向内、向下方画弧，然后变为双掌，向外撑出。

4 双掌再次变为双拳，从胸前开始，一起向外、向下画弧，最后拳心朝内。

第五十二式 退步跨虎

1 接上式。左脚向右脚内侧撤，脚尖着地，双拳变为掌，掌心朝外。

2 上身不动，左脚向左后方迈步。

3 双膝屈曲，重心下降，身体向左转，双掌在身体两侧下压至双膝前上方，掌心朝下。

4 双臂向两侧打开并上抬至与肩齐高，双手掌心均朝外。

5 右脚向左脚靠拢，脚尖先着地；左掌向右上方画弧，然后在左胸前方立掌，左腕与肩齐高；右掌先向下、后向左画弧至左臂内侧，手指朝上。

第五十三式 转身摆莲

1 接上式。上身向右转，左掌向前上方推，右掌下按。

2 左脚外旋，上身向左转，左臂上举并外旋，左腕朝左，右掌向身体右侧下压。

3 身体向左转90度，右膝上提至大腿约与地面平行，左掌朝外翻、朝上摆，右掌随之转动。

4 身体继续向左转90度，右膝先向左上方提再缓慢下落，双臂随之转动。

5 右腿下落后向前迈一步，脚跟着地，屈左膝。

6 右脚踩实，整体调整为左弓步姿势，右掌向前、向上翻举，左掌下落至与左肩齐高。

7 上身向左转，双臂向左侧平摆，最终左掌位于肩部左前方，右掌位于胸部左前方，指尖均朝右。

8 左脚收于右脚内侧，双膝屈曲，左脚尖点地，双掌向右侧收。

9 重心全部移至右腿，下身呈右独立步。

10 左腿朝右侧、上方、左侧踢出，当脚尖与胸部齐高时，用右手、左手先后击打左脚。

11 下身恢复为右独立步，双臂向右摆。

第五十四式 当头炮

1 接上式。左脚向左迈一步，身体重心右移，上身稍稍向右转，双手右推且保持约与肩齐高。

2 身体重心左移，双掌向下按压。

3 身体重心继续左移，身体稍稍向左转，双掌向下、向左画弧，并最终由掌变拳。

4 重心移至右腿，双腿下蹲，上身稍稍向右转，双拳朝右击出，拳心朝内。

第五十五式 左金刚捣碓

1 接上式。双拳变为掌，向外翻掌，指尖朝右上方。左腿屈膝下压。

2 左脚踩地，上身向左转，双臂向左画弧至身体右前方。

3 双臂继续朝身体左侧画弧；同时上身向左转，而后双掌向左、向下推。

4 右掌变横掌，右臂向身体右侧画弧，左臂姿势不变。

5 身体向右转，左脚前迈，整体上调整为左虚步姿势。左掌从后向前画弧，右臂向后收回，右掌置于左前臂上。

6 左掌变为拳，上举至高于下颌的位置，右掌则下落至腹部前方，提左膝。

7 左拳向下朝右掌砸去，砸掌的同时左脚向左落地，屈膝。

第五十六式 收势

1 接上式。左拳变掌，双腕轻靠，右掌在下，左掌在上。

2 接着双掌前伸并上抬至与肩齐高。然后双臂前伸，双掌向下翻且向两侧打开至与肩同宽。

3 双腿直立，双掌朝两侧缓慢落下。

4 双臂自然放在身体两侧。

5 左脚撤向右脚。

6 站直，双眼向前看，恢复初始姿态。

第三章 陈氏太极拳老架一路74式

第一式 起势

1 身体直立，双臂下垂于身体两侧，两脚并立，目视前方。

2 保持身体平衡，重心移至右脚，然后左腿屈膝抬起。

3 左脚向左迈一步，前脚掌先落地，而后过渡到全脚掌。两脚距离约同肩宽。

4 两臂慢慢向前、向上平举，腕部上提，手掌稍稍下垂，掌心向下。

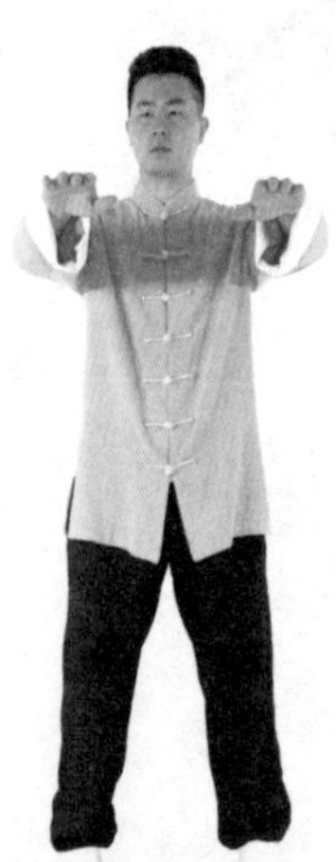

5 两臂抬至与肩平，掌心向下；眼睛先看向右手，再看向左手。

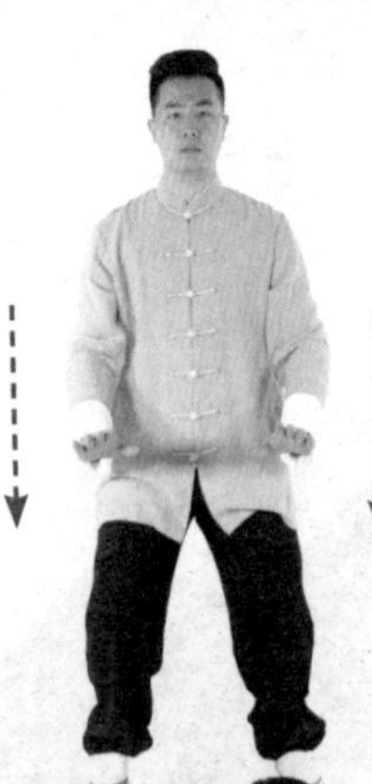

6 两肩松沉，腕部下沉，带动两臂下落，直至手掌落于腹前；同时，两腿屈膝下蹲；目视前方。

第二式 金刚捣碓

1 接上式。保持两腿屈膝；两手翻掌，掌心向左，两手距离约同肩宽，同时向左上方画弧，直至约与肩平。

2 以右脚脚跟为轴，向右转体约90度；双臂同时水平向右画弧，掌心向右。

3 保持两臂姿势不变，重心移至右腿，左脚收向右脚，脚不挨地。

4 然后左脚再向左前方迈一大步，左腿伸展开。

5 上身右转，双腿屈膝使身体重心下沉；同时双手向右、向下推，两手拇指相对，掌心向外；眼睛看向双手。

6 上身左转的同时，双手同时向左、向上画弧，左手画弧至左胸前方，右手画弧至腰部右侧，掌心均向外。

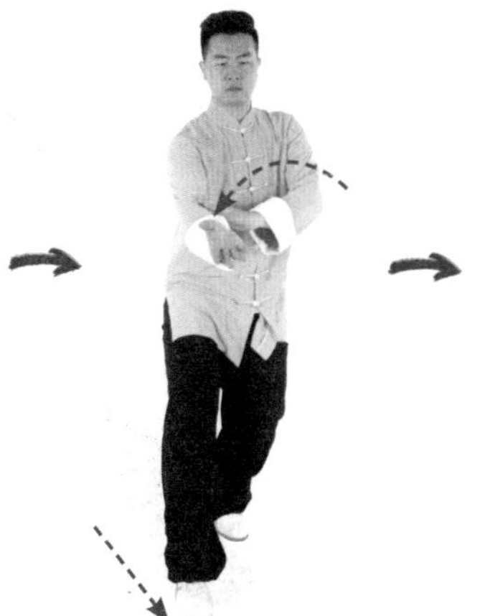

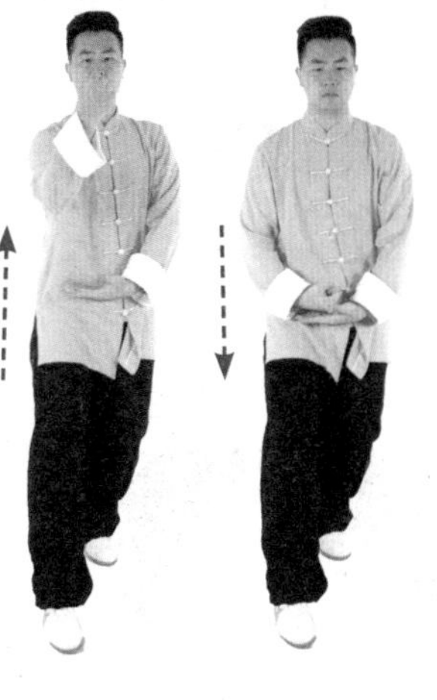

7 重心转移至左腿，上身继续左转，右脚收向左脚，脚不挨地；同时右手继续向前划至腰部右前方；左臂向身前屈肘。

8 右脚在身体右前方落地，屈膝；同时右臂前抬，掌心向上；左手收向左胸，再贴向右臂内侧。

9 右臂屈肘上抬，右手至脸部前方时变掌为拳；同时左臂下落至腹前，掌心向上。接着右臂下落，右拳砸向左掌心。

10 右臂再次屈肘上抬至右拳在脸部前方；同时右腿屈膝提起。

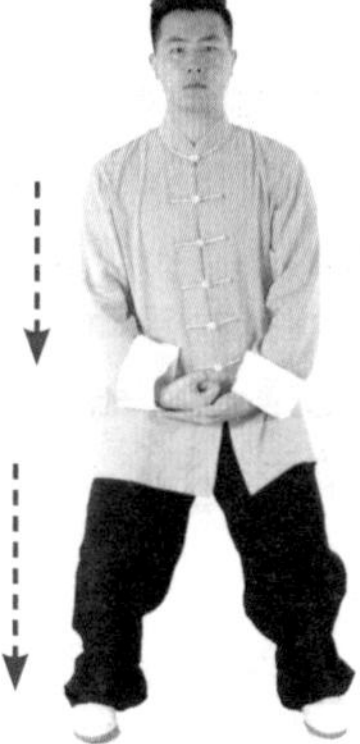

11 右臂再次下落，右拳砸向左掌心，做捣碓状；同时右脚向右落地，屈膝。

第三式 懒扎衣

1 接上式。上身左转，同时右手变掌，掌心向上，双手上抬至胸前。

2 上身右转，同时右手向外翻掌，向上、向右推至约同耳高；左手向下翻掌，向左、向下按至髋部左侧。

3 左手向后、向上画弧；右手向下画弧，眼睛随右手转动；同时重心移向左腿，右脚收向左脚，脚不挨地。

4 右腿快速向右跨出一大步，呈左弓步，重心下降；同时右手向左、向上划至胸前，掌心向上；左臂屈肘，左手右推，直至左腕贴向右臂内侧。

5 右腿屈膝，重心右移，双手同时向身前做小幅内摆，然后重心再次移至左腿，上身左转；同时右手小幅左摆，掌心向左；左腕保持贴在右臂内侧。

6 重心移至右腿，上身右转回正；同时右臂水平右捋，掌心向外；左手向下、向左画弧。眼睛看向右手。

7 右手捋至身体右前方，竖掌，约同肩高；左手贴至左腿上方，虎口向内；同时屈膝，持续降低身体重心。

第四式 六封四闭

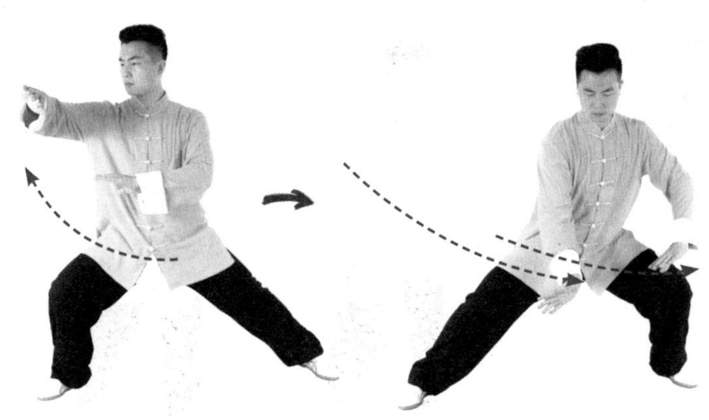

1 接上式。右手向外翻掌，掌心向右、向下；同时左手向右、向上画弧。眼睛看向右手。

2 上身左转，重心左移；同时双手一起向下、向左捋，掌心向外。

3 双手捋至身体左侧，左手掌心向后，右手掌心向上；同时上身继续左转，右腿彻底伸展开。

4 上身右转，屈右膝，重心移至右腿，左腿伸展开；同时右掌下翻，向右屈肘回撤；左掌上翻，向上屈肘，掌心向右。

5 上身右转，左脚向右脚的方向上一步，脚尖点地；同时右手回撤至胸前；左手经左耳向前、向下推，直至接近右手，双手拇指指尖相对。

6 双腿屈膝，重心下降的同时，双手向前、向下推，直至腹部前上方；同时上身向后仰。眼睛看向双手。左脚保持脚尖点地。

第五式 单鞭

1 接上式。右臂屈肘，右手收向胸前；同时左手向前、向下探出，掌心向上。

2 右手在胸前位置变掌为钩手，然后向右前方、向上摆至约与肩平；左手收至腹部正前方。

3 重心转移至右腿，左脚收向右脚，脚不挨地。

4 左脚向左侧跨一大步，脚跟先着地，左腿蹬直，头部左转，看向左侧。

5 上身稍稍左转，左腿向左顶膝；同时左手从腹部正前方摆向腹部左前方。

6 右腿屈膝，上身右转；同时左手向右、向上画弧，靠近右手；头部也跟随右转。

7 双脚踏实，重心保持稳定；左手向左水平捋，一直捋至身体左侧，手臂打开，掌心向左，眼睛看向左手，视线跟随左手移动。

8 屈双膝，重心下降，左掌向上竖起，掌心向前。眼睛看向前方。

第六式 金刚捣碓

1 接上式。上身左转约90度，重心左移，右腿伸直，呈左弓步；同时右手变钩手为掌，经身前，按照半圆轨迹向左画弧；左手向外翻掌。

2 右腿向右顶膝，重心右移，上身右转；同时右手向外翻掌，左手向上翻掌。

3 上身右转，同时两手经头部前方，一并向右捋至身体右前方，约同肩高；然后双手向下翻掌，再继续向左、向下捋，掌心斜向下。

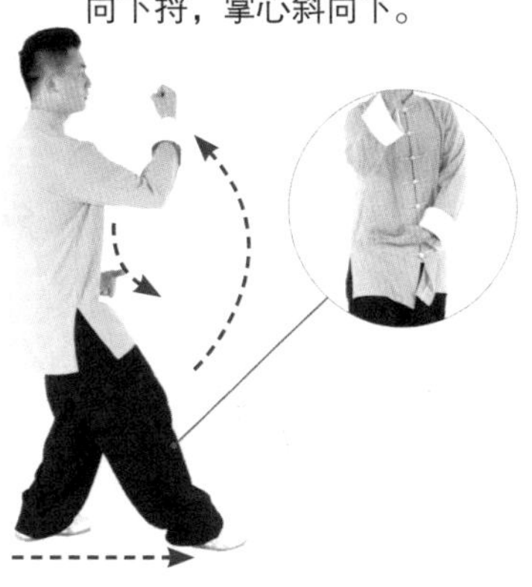

4 上身左转，左腿向左顶膝，右腿伸直重心左移；同时右手捋至髋部右侧稍稍靠下的位置；左手捋至身体左前方，约与肩平。

5 向左转体，重心移至左腿，屈膝，右腿提起，贴向左腿，脚不挨地，紧接着向前迈一步；同时右臂向前、向上屈肘抬起，变掌为拳，拳心朝内，约与嘴同高；左手先屈肘贴向右臂内侧，再翻掌，掌心向上，并下压至右腹前方。

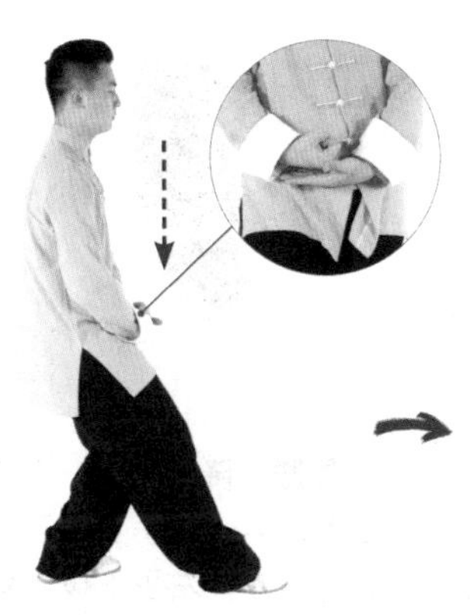

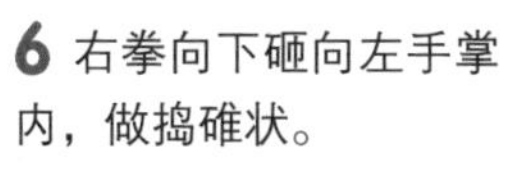

6 右拳向下砸向左手掌内，做捣碓状。

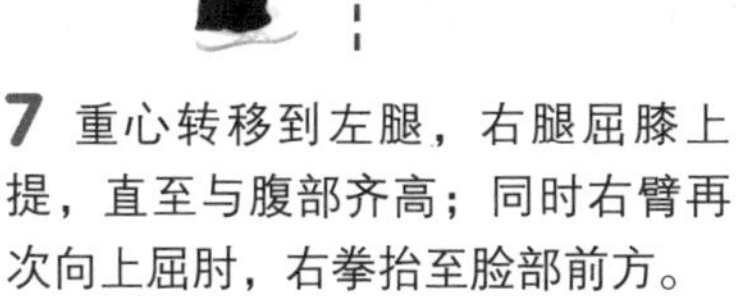

7 重心转移到左腿，右腿屈膝上提，直至与腹部齐高；同时右臂再次向上屈肘，右拳抬至脸部前方。

8 右臂再次下落，右拳砸向左掌心，做捣碓状；同时右脚向右落地，屈膝。

第七式 白鹤亮翅

1 接上式。上身稍稍左转，右手变拳为掌，掌心向上，两手同时向上抬至胸部前方。

2 重心右移，左脚先收向右脚，然后向左后方迈一大步，降低重心；左手向左下方画弧至髋部左侧；右手向右前方画弧，腕部约与肩平。

3 上身稍稍左转，右脚稍稍收向左脚，脚尖点地；同时右手下按至腹部右前方，掌心向下；左手上举至头部左前方，手臂打开，掌心向外。

4 右脚向右后方迈一步，上身稍稍右转；同时两手收向胸前，交叉，左手架在右手上，掌心向右，右手掌心向左。

5 右腿屈膝，重心向后，然后左脚收向右脚；同时双掌外翻，上抬至脸部前方。

6 屈膝，降低重心，上身左转；同时右手上抬至头部右前方；左手下按至腹部左前方。

第八式 斜行

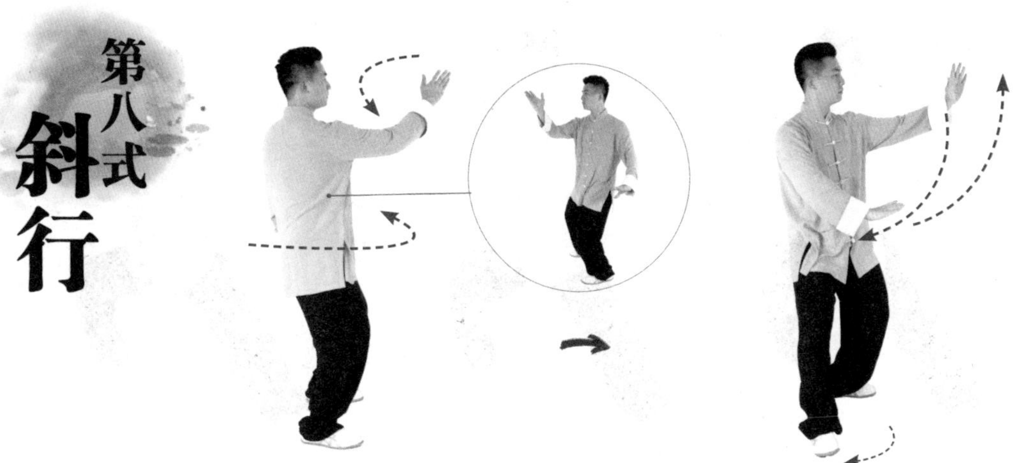

1 接上式。保持重心稳定，身体微微左拧；同时右手向内、向下沿逆时针方向摆动；左手从腹部左前方向左后方摆动。

2 右脚以脚跟为轴，身体右转约90度；同时右手向右、向下画弧至腹部右前方；左手向左、向上划至头部左前方。眼睛看向左手。

3 保持重心稳定，左脚先收向右脚，然后向左后方跨出一大步；同时右手推向身体右侧；左臂先微微屈肘收向身前，然后再稍稍前推。

4 上身右转，屈膝保持身体稳定；同时右掌上翻，右臂上抬约与肩平；左手经脸部左前方，摆向右胸前方。眼睛看向右前方。

5 左腿向左顶膝，重心下降，上身左转，前倾；同时右臂屈肘，右手贴向右耳；左手掌心向下，指尖向右，随着身体的左转，向左、向下捋。

6 随着上身的左转，右腿打开伸直，呈左弓步，重心提升；同时左手继续从身前摆向左上方，腕部略高于肩，然后掌变为钩手；右手跟随头部左转，自然贴向左臂的大臂内侧。眼睛看向左手的方向。

7 右手沿左臂前推，手臂伸直，掌心向前；左手呈钩手状，保持不动，掌心向下、向内。

8 上身右转，右手水平向右推至身体右前方，指尖向左。眼睛一直跟随右手转动。

9 右臂向下沉腕，右手指尖向上，掌心向前。眼睛看向右手的方向。

第九式 搂膝

1 接上式。上身前倾，重心下降；同时左手变钩手为掌，掌心朝前，向前、向下推；右手向内、向下推。

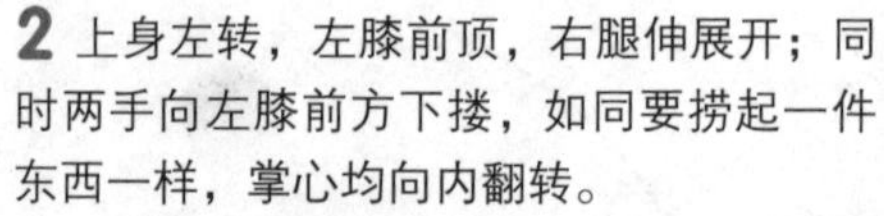

2 上身左转，左膝前顶，右腿伸展开；同时两手向左膝前方下搂，如同要捞起一件东西一样，掌心均向内翻转。

3 上身抬起，双手一起上抬，掌心向上。眼睛一直看向左手的方向。

4 左脚向右脚撤一小步，脚尖点地，身体后坐，重心后移；同时双臂向身前屈肘收回。

5 重心在右腿上，左脚尖保持点地，上身右转，身体继续后倾；双手继续撤向身前。眼睛看向左手。

6 上身左转，双手向前翻掌，掌心向前；左手前推，右手贴向左腕内侧。眼睛一直看向左手。

第十式 拗步

1 接上式。两手同时向右、向下画弧，掌心向下。

2 左脚收向右脚，脚尖点地，上身稍稍右转；同时左臂向胸前屈肘；右臂继续向右下方画弧至腰部右侧，手臂打开。

3 左脚迅速向左上方跨出一步，脚跟先着地，然后过渡至全脚掌着地；同时上身左转；左手经身前向左肩前上方推出，掌心向前。

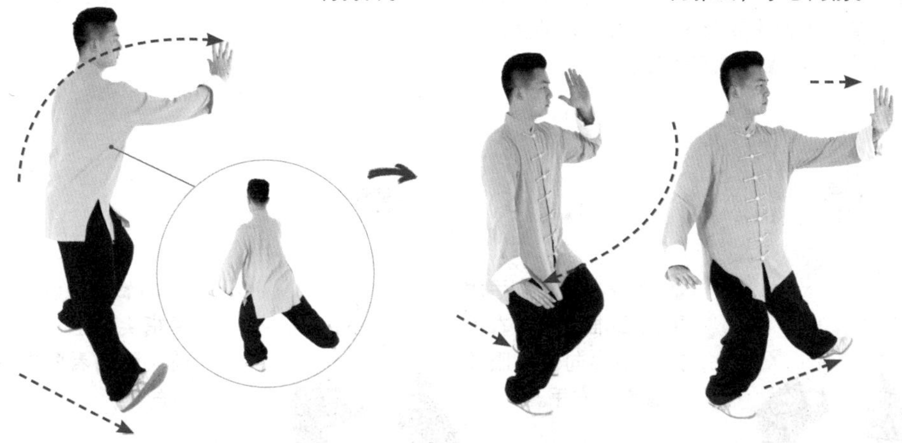

4 上身左转，右腿向右前方迈步，脚跟着地，然后过渡至全脚掌着地；左手向下画弧至髋部左侧；右手从右后方经过右耳侧，向前推出，腕与肩平。

5 上身右转，左脚收向右脚，然后迅速向左上方跨出一步，脚跟先着地，然后过渡到全脚掌着地；右手向下画弧至髋部右侧；左手先摆向身体左后方，然后再向上摆至左耳侧，经左耳侧向前推出，腕与肩平，掌心向前。

第十一式 斜行

1 接上式。上身右转，屈膝保持身体稳定；同时右掌上翻，右臂上抬约与肩平；左手经脸部左前方，摆向右胸前方。眼睛看向右前方。

2 左腿向左顶膝，重心下降，上身左转，前倾；同时右臂屈肘，右手贴向右耳；左手掌心向下，指尖向右，随着身体的左转，向左、向下捋。

3 随着上身的左转，右腿打开伸直，呈左弓步，重心提升；同时左手继续从身前摆向左上方，腕部略高于肩，然后掌变为钩手；右手跟随头部的左转，自然贴向左臂的大臂内侧。

4 右手沿左臂前推，手臂伸直，掌心向前；左手呈钩手状，保持不动，掌心向下、向内。

5 上身右转，右手水平向右推至身体右前方，指尖向左。眼睛一直看向右手。

6 右臂向下沉腕，右手指尖向上，掌心向前。眼睛看向右手的方向。

第十二式 搂膝

1 接上式。上身前倾，重心下降；同时左手变钩手为掌，掌心朝前，向前、向下推；右手向内、向下推。

2 上身左转，左膝前顶，右腿伸展开；同时两手向左膝前方下搂，如同要捞起一件东西一样，掌心均向内翻转。

3 上身抬起，双手一起上抬，掌心向上。眼睛一直看向左手的方向。

4 左脚向右脚撤一小步，脚尖点地，身体后坐，重心后移；同时双臂向身前屈肘收回。

5 重心在右腿上，左脚尖保持点地，上身右转，身体继续后倾；双手继续撤向身前。眼睛看向左手。

6 上身左转，双手向前翻掌，掌心向前；左手前推，右手贴向左腕内侧。眼睛一直看向左手。

第十三式 拗步

1 接上式。两手同时向右、向下画弧，掌心向下。

2 左脚收向右脚，脚尖点地，上身稍稍右转；同时左臂向胸前屈肘；右臂继续向右下方画弧至腰部右侧，手臂打开。

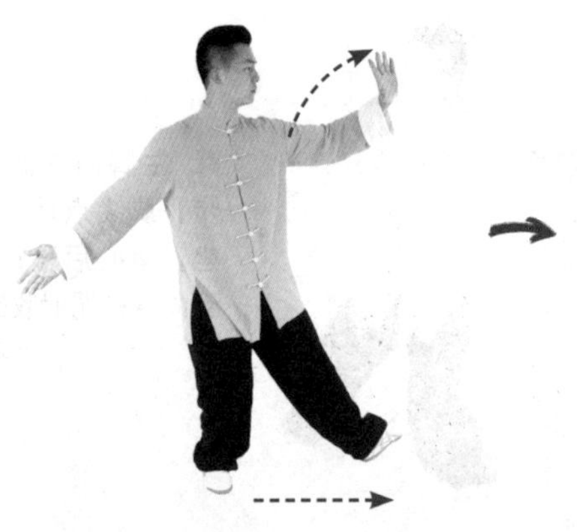

3 左脚迅速向左上方跨出一步，脚跟先着地，然后过渡至全脚掌着地；同时上身左转；左手经身前向左肩前上方推出，掌心向前。

4 上身左转，右腿向右前方迈步，脚跟着地，然后过渡至全脚掌着地；左手向下画弧至髋部左侧；右手从右后方经过右耳侧，向前推出，腕与肩平。

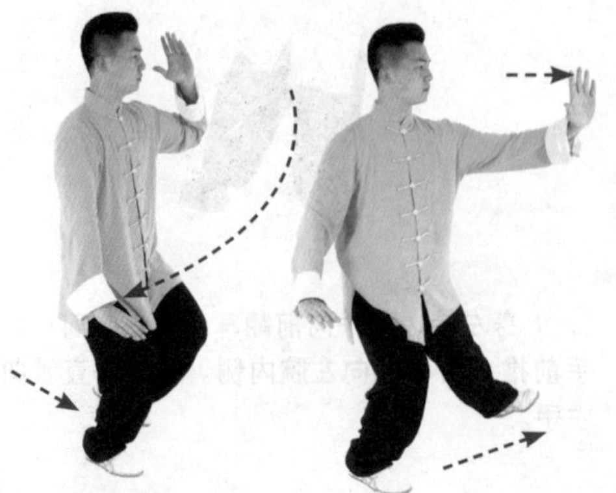

5 上身右转，左脚收向右脚，然后迅速向左上方跨出一步，脚跟先着地，然后过渡到全脚掌着地；右手向下画弧至髋部右侧；左手先摆向身体左后方，然后再向上摆至左耳侧，经左耳侧向前推出，腕与肩平，掌心向前。

第十四式 掩手肱拳

1 接上式。右膝顶向右前方，上身稍稍右转的同时，两手相交于胸前，左手在内，右手在外，掌背相对。

2 左腿屈膝，重心下降；同时两手下压至腹部前方，掌心朝下。

3 左膝前顶，右腿打开，呈左弓步，双手向身体两侧平举，掌心向外。眼睛看向左手。

4 上身右转，身体后坐，重心下降；同时右手变掌为拳，屈肘收于右胸前；左臂向身前屈肘，手同肩高。

5 上身迅速左转，同时右腿快速蹬直；右臂快速向正前方出拳，拳心向下；左手则快速收向左侧腰间。

第十五式 金刚捣碓

1 接上式。右腿屈膝、重心下降后，右腿再迅速蹬直，重心再次提升；同时左臂向上屈肘；右拳变掌，沉腕向左下方画弧。

2 右腿向右顶膝，重心右移，上身右转；同时右手向外翻掌；左手经胸前向左下方画弧。

3 重心左移，右腿伸直，上身右转；同时右手水平向右画弧；左臂摆向左后方。

4 右脚向左脚靠一小步，重心左移；同时右臂经耳侧向右后方画弧，再继续向下、向前画弧；左手向左上方画弧。眼睛看向右手。

5 重心转移至左腿，上身继续左转，右脚收向左脚，脚不挨地；同时右手继续向前划至腰部右前方；左臂向身前屈肘。

6 右脚在身体右前方落地，屈膝；同时右臂前抬，掌心向上；左手收向左胸，再贴向右臂内侧。

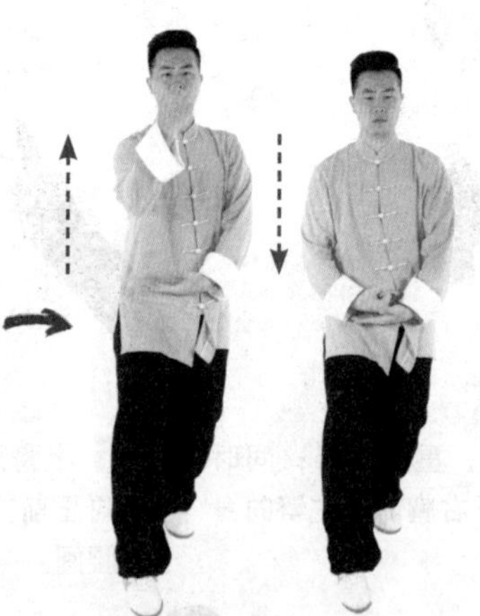

7 右臂屈肘上抬，右手至脸部前方时变掌为拳；同时左臂下落，掌心向上。接着右臂下落，右拳砸向左掌心。

8 右臂再次屈肘上抬至右拳在脸部前方；同时右腿屈膝提起。

9 右臂再次下落，右拳砸向左掌心，做捣碓状；同时右脚向右落地，屈膝。

第十六式 撇身捶

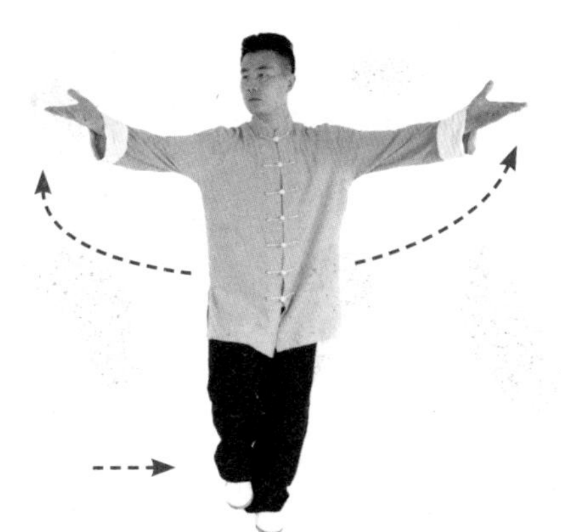

1 接上式。上身稍稍右转后再回正，同时右脚贴向左脚，脚不挨地；双手平举于身体两侧，眼睛看向右前方。

2 重心左移，左腿屈膝，右脚向右侧跨出一大步，脚内侧先着地；同时双手在胸前相合，掌背相对。

3 重心右移，右腿向右顶膝；同时双手稍稍向右摆。

4 紧接着左腿向左顶膝，上身左转，呈左弓步；同时双手向左上方画弧至头部左前方，左手掌心向前，右手掌心向左。眼睛看向左手。

5 重心右移，右腿向右顶膝，上身右转约180度，前倾；同时右手向右、向下按至右膝右侧；左手跟随头部右转，水平向右画弧至脸部右前方。

6 右手向上翻掌，从右膝右侧继续向右上方画弧，掌心向上；左手由脸部右前方向下画弧。

7 上身左转，前倾，重心左移，左腿屈膝，右腿蹬直；同时左手向左画弧，掌心向下；右手保持姿势跟随身体一起左转。

8 上身左转，略略直起；同时左手向左画弧至腿部左侧；右手向左水平画弧至脸部前方。

9 右腿屈膝，上身略略右转，保持前倾状态；左手五指张开，虎口向内放于髋部边缘；右手变掌为拳，拳心向下。两腿屈膝蹬地。

10 右臂屈肘，顶向右上方，带动上身右转，直至手臂位于脸部右侧；左臂保持状态，跟随上身一起右转。眼睛看向下方。

第十七式 青龙出水

1 接上式。左肩向后收回，上身稍稍向左回正；同时右手沿顺时针先向右上方、再向右下方画弧，拳心向上；左臂保持屈肘，摆至胸前。

2 右腿蹬直，上身右转；同时右手摆向腰部右侧；左手推向前下方；眼睛看向左手。

3 屈右膝，上身左转，重心右移；同时右臂经胸前迅速摆至右膝前上方；左手经腹前向身体左后方画弧。眼睛看向右手。

4 上身右转；同时左手从身体左侧，向前、向上画弧，掌心斜向上；右臂屈肘右拳放至胸前。

5 上身左转约回正，屈双膝，保持身体稳定；左臂屈肘，左手收回腰间；右手快速从胸前向右下方出拳。眼睛看向右手。

第十八式 双推手

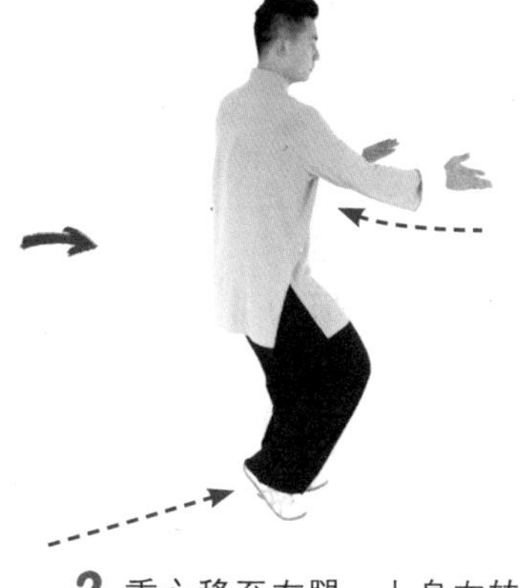

1 接上式。右手变拳为掌，双手经胸前逆时针画弧一圈，直至右手位于身体右前方，左臂屈肘位于身体左前方，掌心向外；同时上身跟随双手的画弧也逆时针旋转，直至上身正面朝向左前方；重心左移，右腿彻底伸展开。

2 重心移至左腿，上身左转，右脚收向左脚，脚不挨地；双手继续跟随身体的左转，向左画弧。眼睛看向右手。

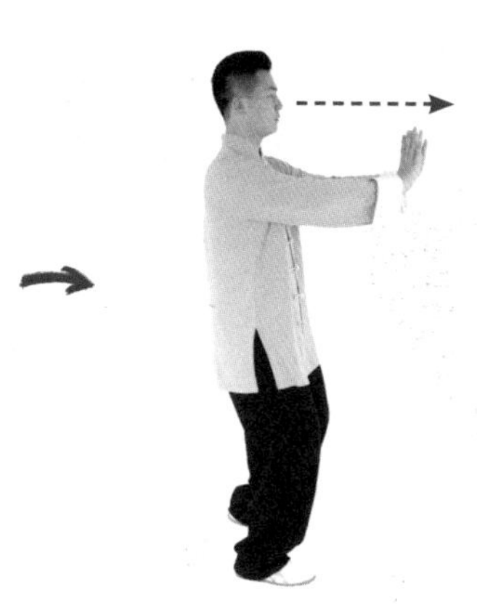

3 上身继续左转，同时右脚迈向右前方，脚跟先着地，然后过渡为整个脚掌着地；双手继续向左捋至身体左前方。

4 上身右转，左脚收向右脚，脚尖点地，双脚距离略窄于肩宽，双膝微屈；同时双手向右摆至胸前，两手竖起，掌心相对。

5 双手向前推出，掌心向前。

第十九式 肘底看拳

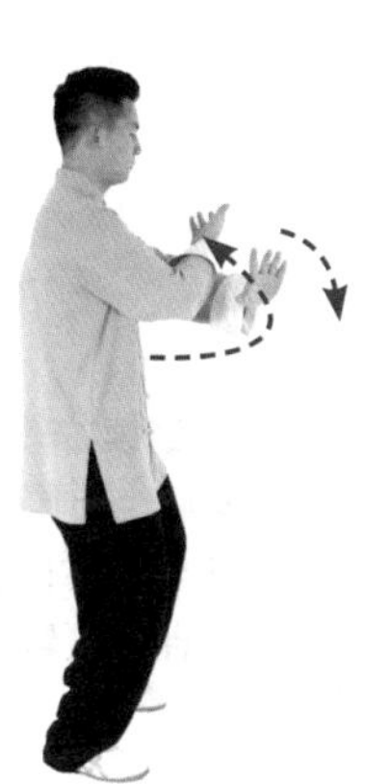

1 接上式。上身稍稍右转，右手先向右下方画弧，掌心向下，再翻掌向左上方穿至胸部前上方，掌心向上；左臂屈肘划向胸前，位于右手下方。

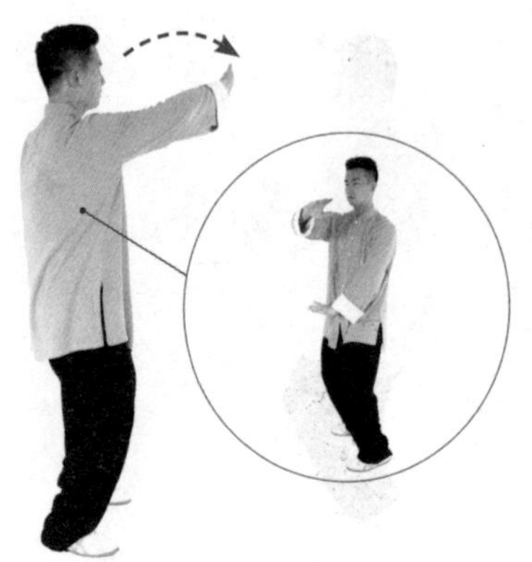

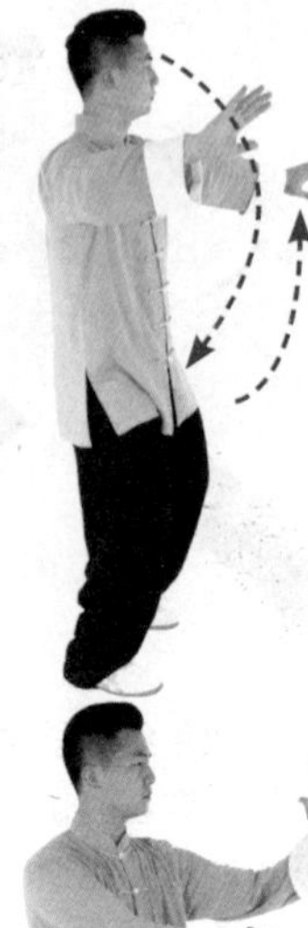

2 上身左转后再度右转；同时右手向外翻掌，向右捋至头部右前方，掌心向外；左手下按至腹部左前方。

3 保持重心稳定，上身稍稍向右拧转；同时右臂向右下方画弧至右侧腰间，左臂向左上方画弧至头部左前方。

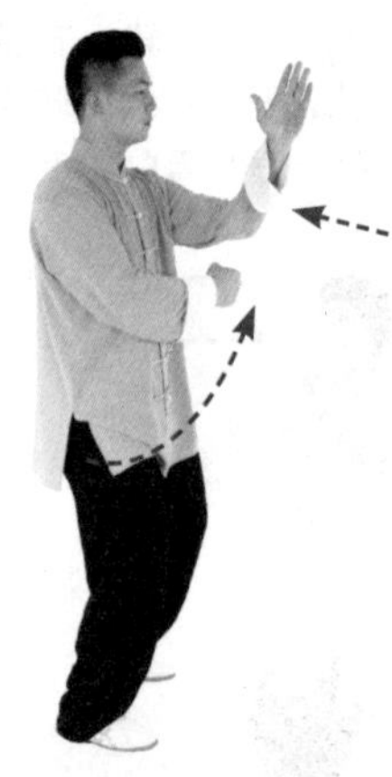

4 上身继续右转，右手变掌为拳，从右侧腰间摆向左臂肘部下方，做肘底捶；同时左臂向上屈肘，左手掌心朝右，指尖朝向前上方。

5 等身形稳定后，左手有一个微微向上竖掌的动作，指尖朝上，眼睛看向左手。

第二十式 倒卷肱

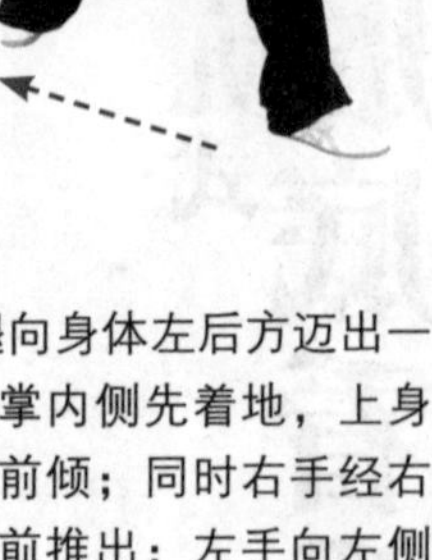

1 接上式。上身右转，左脚尖点地；同时右手变拳为掌，画弧至腰部右前方；左手向前推。

2 上身继续右转，重心右移，右手向后上方画弧至右臂伸展开，且与肩平；左臂继续向前伸展，直至左臂彻底打开，且与肩平。

3 左腿向身体左后方迈出一步，脚掌内侧先着地，上身左转，前倾；同时右手经右耳侧向前推出；左手向左侧腰间画弧。

4 上身左转；同时左手从左侧腰间向左上抬至与肩平；右手掌心下翻。

5 右脚收向左脚，脚尖点地；同时左臂屈肘，左手收回至耳侧，头部向右侧偏转。

6 上身右转，右腿向右后方撤步，屈双膝，重心下降；同时左手经左耳侧前推；右手向下画弧至髋部右前方。眼睛看向左手。

7 左脚向右前方迈一小步，伸直，脚尖点地，重心右移，上身右转；同时右臂向身体右侧打开，腕与肩平。

8 左脚收向右脚，脚尖点地；同时右臂向右耳侧屈肘。

9 左腿向身体左后方撤步，上身左转；同时右手经右耳侧向前推出；左手向左侧腰间画弧。

第二十一式 白鹤亮翅

1 接上式。上身左转；同时左手从左侧腰间向左上抬至与肩平；右手掌心下翻。

2 右脚收向左脚，脚尖点地；同时左臂屈肘，左手收回至耳侧，头部向右侧偏转。

3 上身右转，右腿向右后方撤步，屈双膝，重心下降；同时左手经左耳侧前推；右手向下画弧至髋部右前方。眼睛看向左手。

4 左脚向右前方迈一小步，脚尖点地，重心右移，上身右转；同时右臂向身体右侧打开，腕与肩平。

5 左脚收向右脚，脚尖点地；同时右臂向右耳侧屈肘。

6 左腿向身体左后方撤步，上身左转；同时右手经右耳侧向前推出；左手向左侧腰间画弧。

7 上身稍稍左转，右脚稍稍收向左脚，脚尖点地；同时右手下按至腹部右前方，掌心向下；左手上举至头部左前方，手臂打开，掌心向外。

8 右脚向右后方迈一步；同时两手收向胸前，交叉，左手架在右手上，掌心向右，右手掌心向左。

9 右腿屈膝，重心向后，然后左脚收向右脚；同时双掌外翻，上抬至脸部前方。

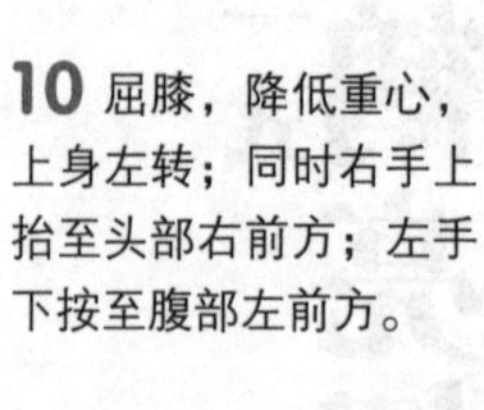

10 屈膝，降低重心，上身左转；同时右手上抬至头部右前方；左手下按至腹部左前方。

第二十二式 斜行

1 接上式。保持重心稳定，身体微微左拧；同时右手向内、向下沿逆时针方向摆动；左手从腹部左前方向左后方摆动。

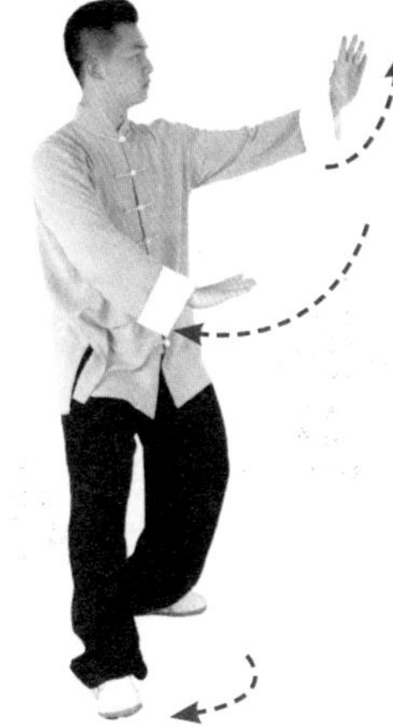

2 以右脚脚跟为轴，身体右转约90度；同时右手向右、向下画弧至腹部右前方；左手向左、向上划至头部左前方。眼睛看向左手。

3 保持重心稳定，左脚先收向右脚，然后向左后方跨出一大步；同时右手推向身体右侧；左臂先微微屈肘收向身前，然后再稍稍前推。

4 上身右转，屈膝保持身体稳定；同时右掌上翻，右臂上抬约与肩平；左手经脸部左前方，摆向右胸前方。眼睛看向右前方。

5 左腿向左顶膝，重心下降，上身左转，前倾；同时右臂屈肘，右手贴向右耳；左手掌心向下，指尖向右，随着身体的左转，向左、向下捋。

6 随着上身的左转，右腿打开伸直，呈左弓步，重心提升；同时左手继续从身前摆向左上方，腕部略高于肩，然后掌变为钩手；右手跟随头部左转，自然贴向左臂的大臂内侧。眼睛看向左手的方向。

7 右手沿左臂前推，手臂伸直，掌心向前；左手呈钩手状，保持不动。

8 上身右转，右手水平向右推至身体右前方，指尖向左。眼睛一直跟随右手方向转动。

9 右臂向下沉腕，右手指尖向上，掌心向前。眼睛看向右手的方向。

第二十三式 闪通背

1 接上式。保持左弓步姿势，上身左转；同时右手向外翻掌，再向左画弧至左肩前方，指尖向右；左手变钩手为掌，向左推掌，掌心向左。

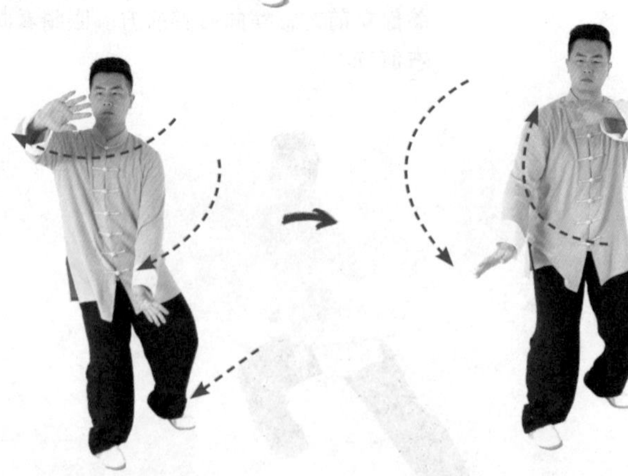

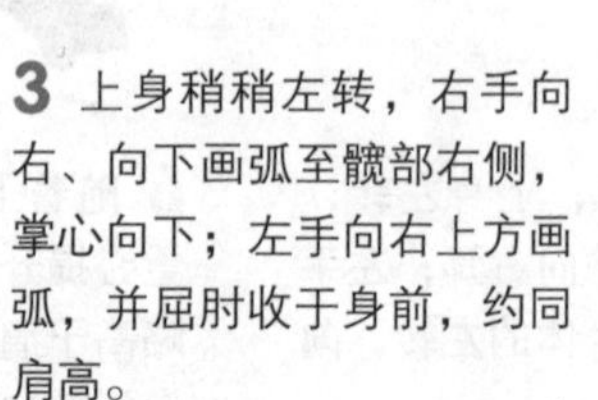

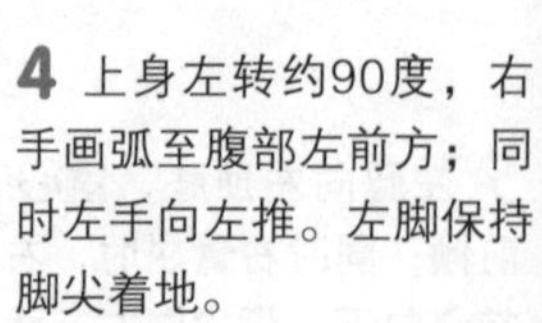

2 屈右膝，重心右移，左脚向右脚靠近一小步，脚尖着地；同时右手腕翻转，变为指尖向左，掌心向外，向右画弧至右肩前方；同时左手向下、向右画弧至髋部前方。

3 上身稍稍左转，右手向右、向下画弧至髋部右侧，掌心向下；左手向右上方画弧，并屈肘收于身前，约同肩高。

4 上身左转约90度，右手画弧至腹部左前方；同时左手向左推。左脚保持脚尖着地。

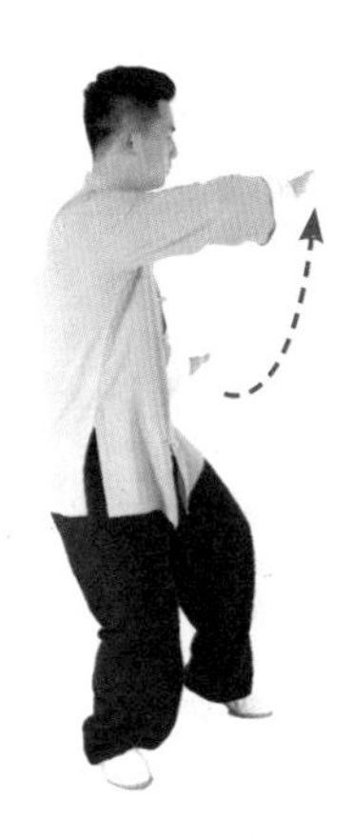

5 重心转移至右腿；同时右臂屈肘，右手向上画弧至胸前；左手向下画弧至髋部左侧。

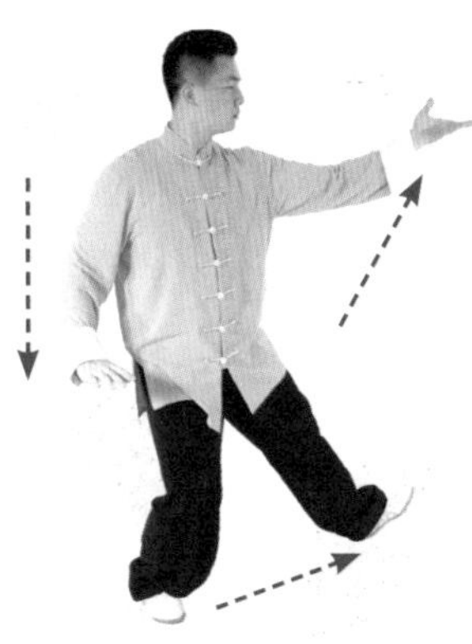

6 上身右转，左脚向左前方跨出一步，脚跟着地；同时右手下按至髋部右侧；左手上划，掌心向上，约同肩高。

7 左脚踩实，左腿向左前方顶膝，右腿伸直，呈左弓步，上身左转并前倾；左手翻掌向下按至髋部左侧；右手向上翻掌，并向上、向前穿至右胸前方。

8 双腿屈膝，重心下降，左脚脚尖内旋，向右拧转身体；同时右臂向身前屈肘，掌心外翻，指尖向左。

9 以左脚为轴，身体迅速向右转体180度；同时右腿向上提膝，脚尖向下；右臂保持在身前屈肘，掌心向外，跟随身体一起右转；左臂向身体左侧打开，约与肩平。眼睛看向右手。

10 双手在身前交叉，掌背相对，掌心向外。眼睛看向前方。

第二十四式 掩手肱拳

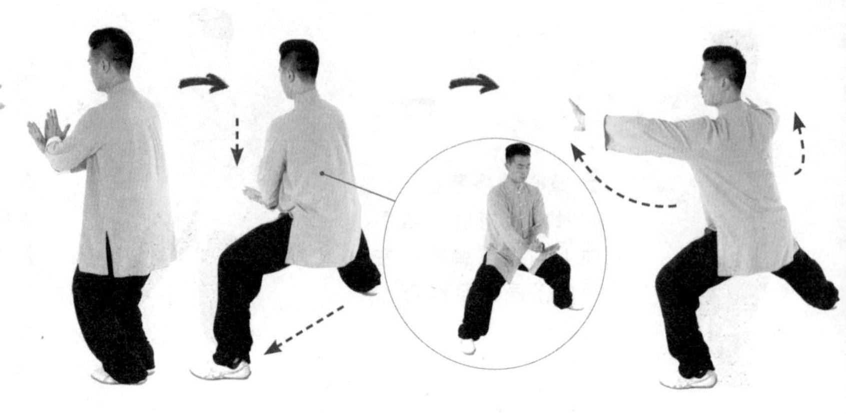

1 接上式。保持双手姿势，右脚下落踩实，双腿屈膝。

2 左腿向左前方迈出一步，然后屈膝，重心下降；同时两手下压至腹部前方，掌心朝下。

3 左膝前顶，右腿打开，呈左弓步，双手向身体两侧平举，掌心向外。眼睛看向左手。

4 上身右转，身体后坐，重心下降；同时右手变掌为拳，屈肘收于右胸前；左臂向身前屈肘，手同肩高。

5 上身迅速左转，同时右腿快速蹬直；右手快速向正前方出拳，拳心向下；左手则快速收向左侧腰间。

第二十五式 六封四闭

1 接上式。上身右转，重心右移，左腿伸展开；同时右手变拳为掌，掌心翻至向右、向下；同时左手向右、向上画弧，直至贴近右手腕部。眼睛看向右手。

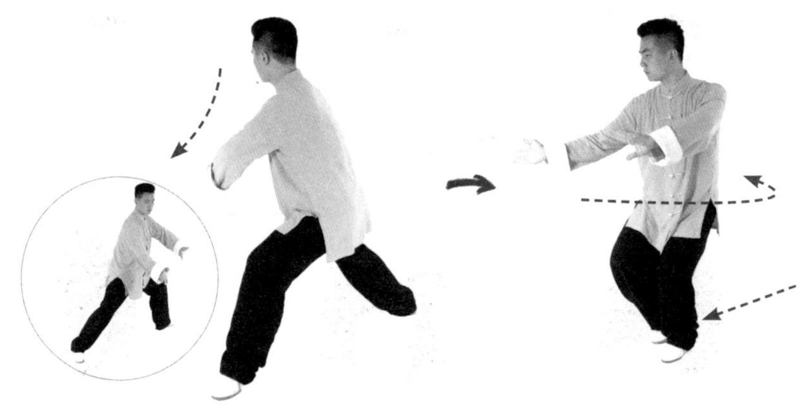

2 双腿屈膝，重心下降，上身左转，重心左移；同时双手一起向下、向左捋，掌心向外。

3 以左脚为轴，向左转体约90度，右脚贴向左脚，脚尖点地；同时双手继续向左捋。

4 上身继续左转，右脚向右前方迈出一步；同时双手继续捋至身体左侧，左手掌心向外，右手掌心向上。

5 上身右转，屈右膝，重心移至右腿，左腿略略打开；同时右掌下翻，向右屈肘回撤；左掌上翻，向上屈肘，掌心向右。

6 向右转体，左脚向右脚的方向上一小步，脚尖点地；同时右手回撤至胸前；左手向前、向下推，直至接近右手，两手拇指指尖相对。

7 双腿屈膝，重心下降的同时，双手向前、向下推，直至腹部前上方；同时上身后仰。眼睛看向双手。左脚保持脚尖点地。

第二十六式 单鞭

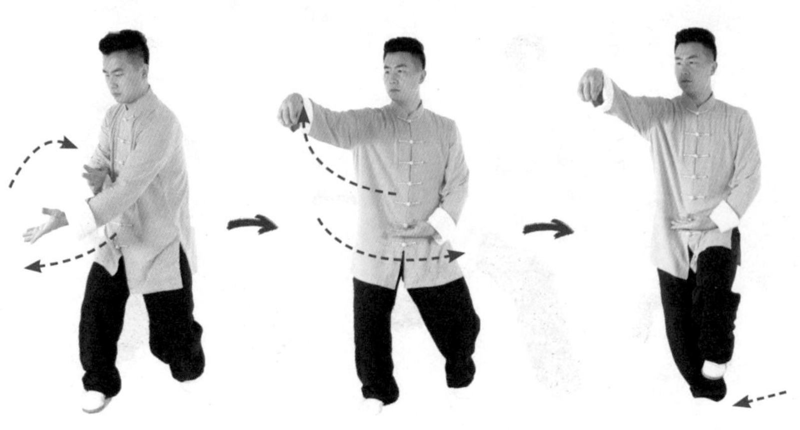

1 接上式。右臂屈肘，右手收向胸前；同时左手向前、向下探出，掌心向上。

2 右手在胸前位置变掌为钩手，然后右手向右前方、向上摆至约与肩平；左手收至腹部正前方。

3 重心转移至右腿，左脚收向右脚，脚不挨地。

4 左脚向左侧跨一大步，脚跟先着地，然后过渡至全脚掌着地，左腿蹬直，头部左转，看向左侧。

5 上身稍稍左转，左腿向左顶膝；同时左手从腹部正前方摆向腹部左前方。

6 右腿屈膝，上身右转；同时左手向右、向上画弧，靠近右手；头部也跟随右转。

7 双脚踏实，重心保持稳定；左手向左水平捋，一直捋至身体左侧，手臂打开，掌心向左，眼睛看向左手，视线跟随左手移动。

8 屈双膝，重心下降，左掌向上竖起，掌心向前。眼睛看向前方。

第二十七式 云手

1 接上式。保持重心稳定，右手由钩手变为掌向下、向左画弧。

2 左腿向左顶膝，右腿伸展开，上身左转；同时右手继续向左、向上画弧，直至左胸前方。

3 右腿屈膝，重心右移，上身右转；同时右手向下翻掌；左手向下、向右画弧，指尖向右前方。

4 重心继续右移，左腿伸展开，上身右转；同时右手向外翻掌，经脸部前方向右画弧；左手向下画弧至髋部左前方。

5 上身右转，左腿彻底打开；同时右手继续向右划至头部右前方；左手画弧至右胸前方。

6 上身左转，重心迅速左移；同时左手向右上方画弧至右肩前方，掌心向前；右手向下画弧至髋部右前方。

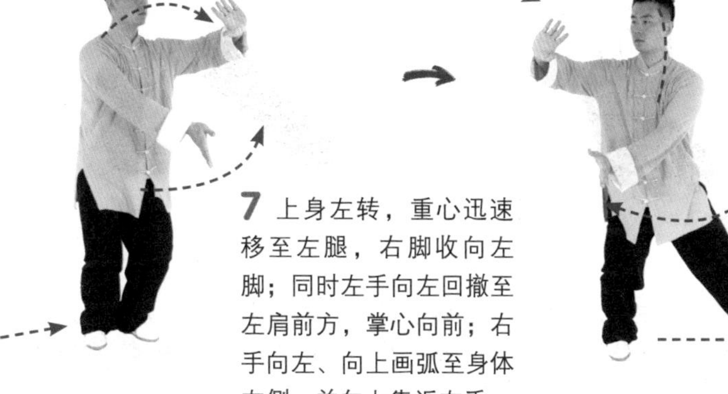

7 上身左转，重心迅速移至左腿，右脚收向左脚；同时左手向左回撤至左肩前方，掌心向前；右手向左、向上画弧至身体左侧，并向上靠近左手。

8 重心转移至右腿，上身右转，左腿向左迈出一步；同时右手向上画弧至脸部前方，再经脸部前方向右画弧；左手向下画弧至左腿外侧，再向右画弧腹部右前方。

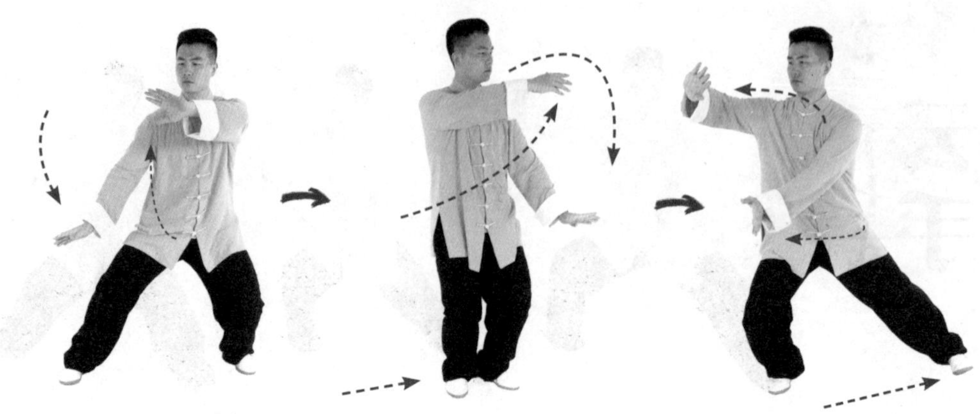

9 身体回正，屈双膝，重心下降；同时右手继续向下画弧至右腿外侧；左手从腹部右前方继续向上画弧至右肩前。

10 上身再一次左转，重心迅速移至左腿，右脚再次收向左脚；同时右手向左、向上画弧至左肩前方；左手经脸部前方向左画弧后再向下按至髋部左侧。

11 重心再次移至右腿，上身右转，左腿向左迈出一步；同时右手经脸部前方向右画弧；左手向右画弧至腹部右前方。

12 身体回正，屈双膝，重心下降；同时右手继续向下画弧至右腿外侧；左手从腹部右前方继续向上画弧至右肩前。

13 上身左转，左腿顶膝，右腿伸展；同时左手经脸部前方向身体左侧画弧，掌心向外。眼睛看向左手。

第二十八式 高探马

1 接上式。上身左转，右脚贴向左脚，脚尖点地；同时右手贴向左手下方，左手五指张开，掌心向右，右手掌心向上。

2 右脚向右后方撤一大步；同时右手向下翻掌。眼睛看向右手。

3 上身右转，右腿屈膝；同时右手向身体右侧画弧至腕与肩平；左手保持姿势不变。眼睛看向右手。

4 重心移向右腿；同时右臂屈肘，右手贴向右耳侧。

5 以右脚为轴，身体向左后方转体约180度；同时左脚向左后方斜插，脚尖先着地，再过渡到全脚掌着地；同时右手经右耳侧向前水平推出；左手向下贴向腹部，掌心向上。

第二十九式 右擦脚

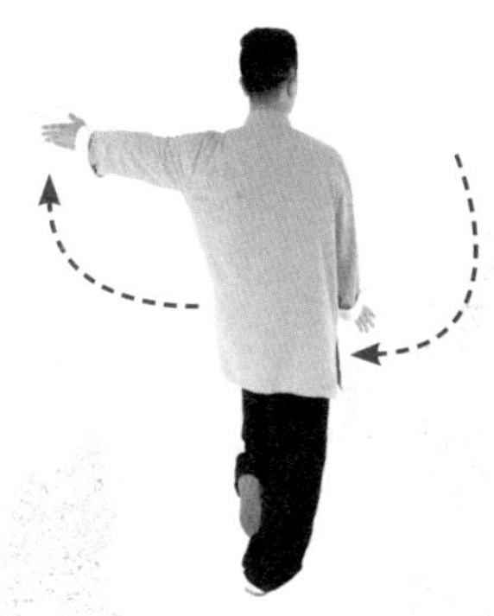

1 接上式。眼睛看向右手，右手在头部右前方顺时针画一个圆，然后向前推掌；同时左手也跟随右手在身前做一个顺时针画圆的动作，然后靠近右臂内侧。身形也随着右手的画圆动作做一个小幅度的顺时针拧转动作。

2 重心移至右脚，左脚贴向右脚；同时左手从身前向左上方画弧，掌心向上；右手向右、向下画弧至腹部右前方，再向左、向上画弧至胸部左前方。

3 左脚向右脚的右前方斜插，双腿屈膝下蹲，右腿膝部几乎挨到地面；双手在胸部前上方交叉，掌背相对，掌心向外。

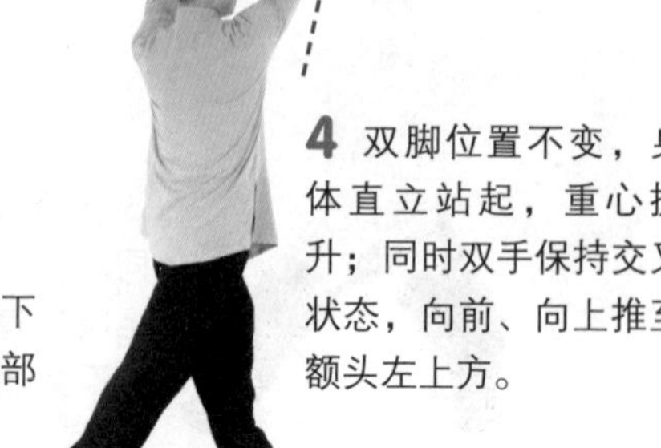

4 双脚位置不变，身体直立站起，重心提升；同时双手保持交叉状态，向前、向上推至额头左上方。

5 保持双手和上身姿势不变，重心转移至左腿，左腿伸直，右腿向上提膝，脚尖向下。

6 右腿快速向右前方踢出，脚踝约同肩高；同时右手快速拍击右脚脚面；左手向身体左侧打开，掌心向外。

7 右脚踢出后，迅速以膝部为轴，小腿下摆，恢复为提膝姿势；同时右手向前翻掌，指尖向上；左手保持姿势不变。眼睛看向右手。

第三十式 左擦脚

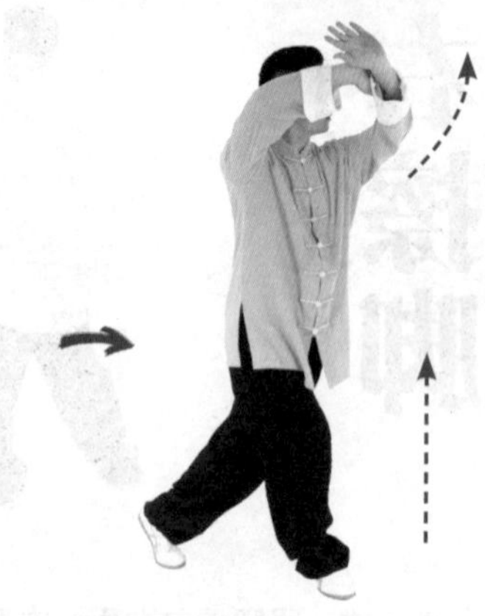

1 接上式。右脚在身体右前方落地，脚跟先挨地，上身右转；同时双手在胸部前上方交叉，掌心向上。

2 上身继续右转，右脚尖向右拧转，双腿屈膝下蹲，左腿膝部几乎挨到地面；双手向外翻掌。

3 双脚位置不变，身体直立站起，重心提升；同时双手保持交叉状态，向前、向上推至额头右上方。

4 保持双手和上身姿势不变，重心转移至右腿，右腿伸直，左腿向上提膝，脚尖向下。

5 左腿快速向左前方踢出，脚踝约同肩高；同时左手快速拍击左脚脚面；右手向身体右侧打开，掌心向外。

6 左脚踢出后，迅速以膝部为轴，小腿下摆，恢复为提膝姿势；同时左手向前翻掌，指尖向上；右手保持姿势不变。眼睛看向左手。

第三十一式 左蹬一跟

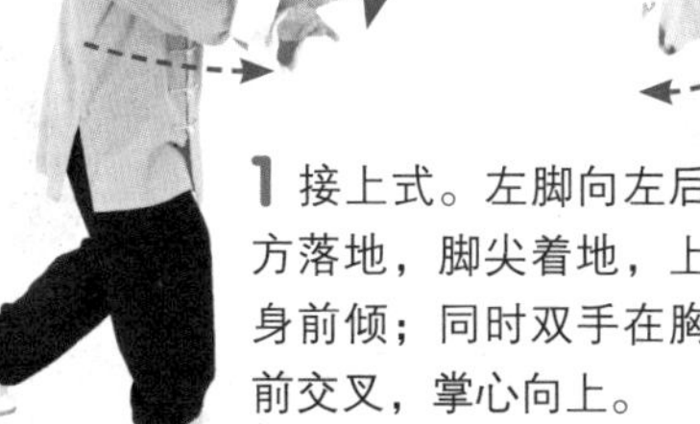

1 接上式。左脚向左后方落地，脚尖着地，上身前倾；同时双手在胸前交叉，掌心向上。

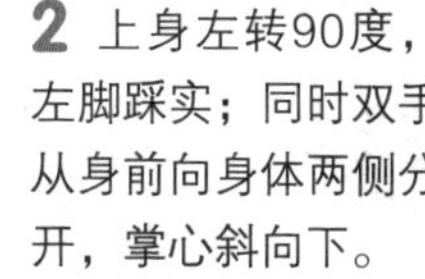

2 上身左转90度，左脚踩实；同时双手从身前向身体两侧分开，掌心斜向下。

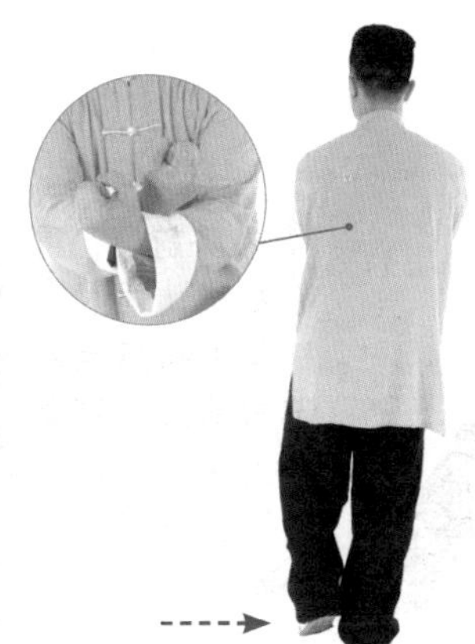

3 左脚贴向右脚，同时双手变拳，在身前胸部靠下位置交叉，拳心向上。

4 重心转移至右腿，左腿提膝，上身略略向右、向后仰。

5 左腿迅速向左蹬出，约与地面平行；同时双臂迅速向身体两侧打开。

6 紧接上一步骤，左腿迅速回撤，恢复为提膝状态，脚尖向下；双手变拳为掌，右手向下画弧，左手向身前画弧。

第三十二式 前趟拗步

1 接上式。左脚向左前方落地，上身左转；同时左手经脸部前方向左画弧，右手向下画弧。

2 上身继续左转，重心移至左脚，右脚收向左脚，脚不挨地；同时左掌下按至髋部左侧；右臂向上屈肘，右手靠近右耳侧，掌心朝前。

3 右脚向右前方落地，脚跟先着地；同时右手向前推掌，掌心朝前；左手摆向左后方，掌心向下。

4 右膝前顶，重心右移；同时右手向下画弧至髋部右前方；左臂向上屈肘，左手靠近左耳侧，掌心朝前。

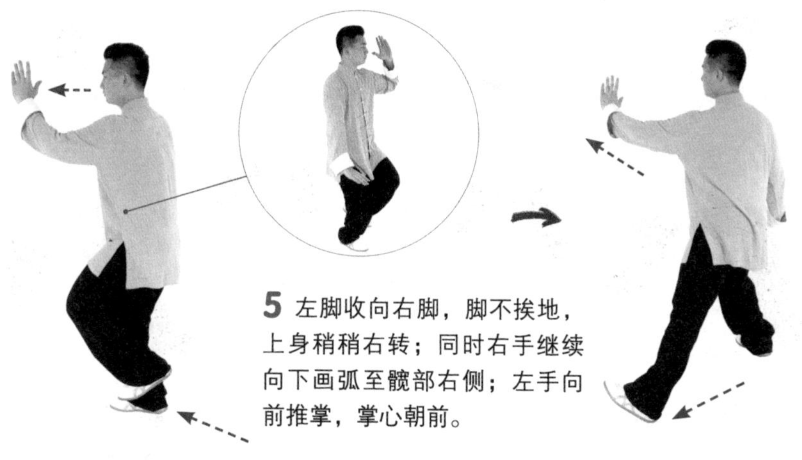

5 左脚收向右脚，脚不挨地，上身稍稍右转；同时右手继续向下画弧至髋部右侧；左手向前推掌，掌心朝前。

6 左脚向左前方迈出一步，脚跟先着地；同时左手继续前推，直至肘部打开；右手略略摆向身体右后方。

第三十三式 击地捶

1 接上式。左脚踩实，屈双膝，重心下降，上身右转约90度，前倾；同时左手向右画弧至胸部右前方；右手跟随重心的下降，下按至小腿外侧。

2 保持重心稳定，右手变掌为拳，右手向头部右后方画弧，右臂再向右后方屈肘，拳同肩高；左手向身体右前方画弧，掌心向下。

3 上身左转，同时右手向身前左下方砸拳；同时左手变掌为拳，划向左膝。

4 上身继续左转，左膝顶向左前方；同时右手砸拳至身前；左臂向左后方屈肘，拳同肩高。眼睛看向右拳。

第三十四式 踢一起

1 接上式。左脚脚尖提起，上身右转，重心右移；同时左手收向身体左侧；右臂屈肘，摆向右上方。

2 上身继续右转，重心右移；右臂继续屈肘向右摆，拳心斜向下。

3 上身继续右转，右腿跟随伸展，脚尖着地；右臂跟随身体的右转，继续右摆。

4 以左脚为轴，向右转体90度，左膝微屈，右腿伸展，脚尖点地；同时右臂摆向髋部右侧；左臂上摆至头部左前方。

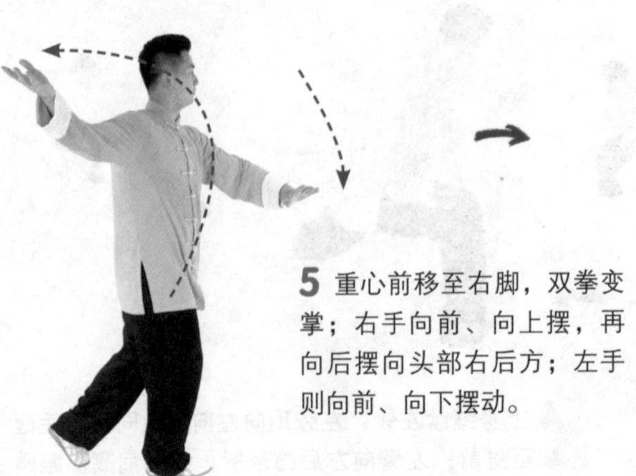

5 重心前移至右脚，双拳变掌；右手向前、向上摆，再向后摆向头部右后方；左手则向前、向下摆动。

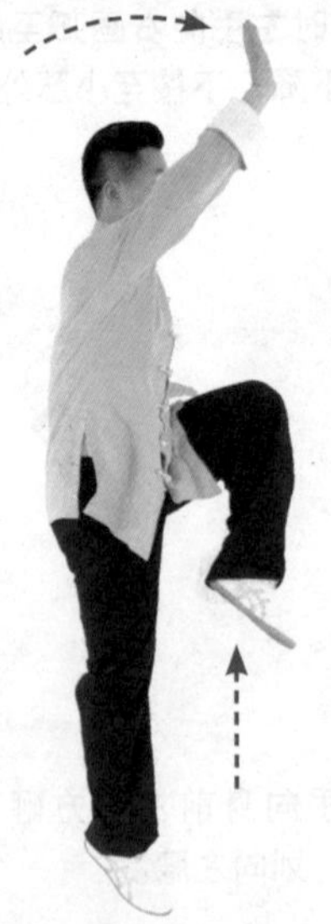

6 右脚快速蹬地发力，左腿快速上提；同时右臂前摆，左臂下摆。

7 左腿快速下落，蹬地发力，右腿向前上方踢出；同时右手拍击右脚脚面，左手摆向身体左侧。

8 右脚踢出后，迅速以膝部为轴，小腿下摆，恢复为提膝姿势；同时右手向前翻掌，指尖向上；左手保持姿势不变。

第三十五式 护心拳

1 接上式。右脚落地后，左腿向左侧迈一步；同时双手摆向身体右前方，右手掌心向外，左手掌心斜向上。

2 重心移至右腿，上身右转，前倾；同时双手沿顺时针画弧，掌心斜向下。

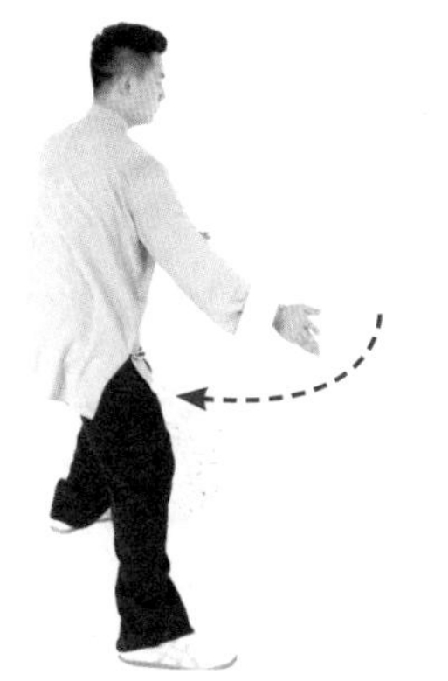

3 重心左移，上身左转，右腿逐渐伸展开；双手向左画弧。

4 重心转移至左腿，右脚收向左脚，脚尖点地；同时双手抬向左上方，手心向上。

5 右脚向右侧迈一大步，重心左移，上身左倾。双手保持姿势。

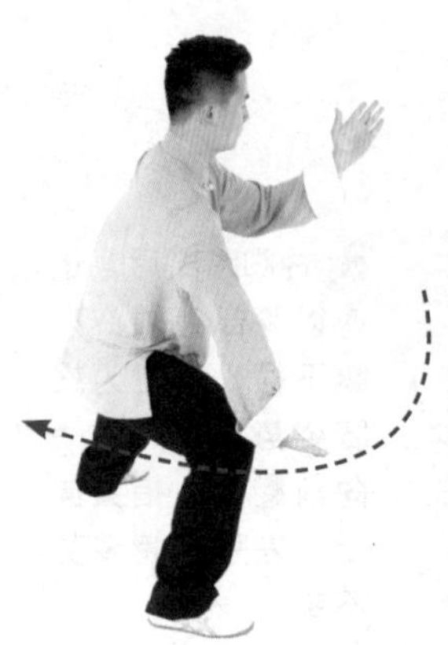

6 右腿向右顶膝，重心右移；同时左手向右推掌，右手向下翻掌后，向下、向后推掌。眼睛看向左手。

7 重心移至右腿，上身继续右转，右臂屈肘，右手收向腰间，变掌为拳；左手摆至胸前时，变掌为拳并下按至膝前。

8 重心提升，上身左转；同时双拳移至胸前，右上左下，拳心向内。眼睛看向右拳。

9 保持身体其他部位不动，右手向前小幅出拳。眼睛看向右拳。

第三十六式 旋风脚

1 接上式。双拳变掌，双手向右上方画弧至脸部右前方。

2 重心左移，右脚收向左脚；同时右手向右下方画弧至右腿外侧；左手向左划至胸部左前方。

3 右腿向上提膝，同时双手向上托举。

4 右脚向右前方迈一步，脚尖外拧，同时身体向右转体约90度；双手在胸前交叉，掌心向上。眼睛看向双手。

5 双腿屈膝下蹲，左腿膝部几乎挨到地面；双手同时向外翻掌，掌心向外。

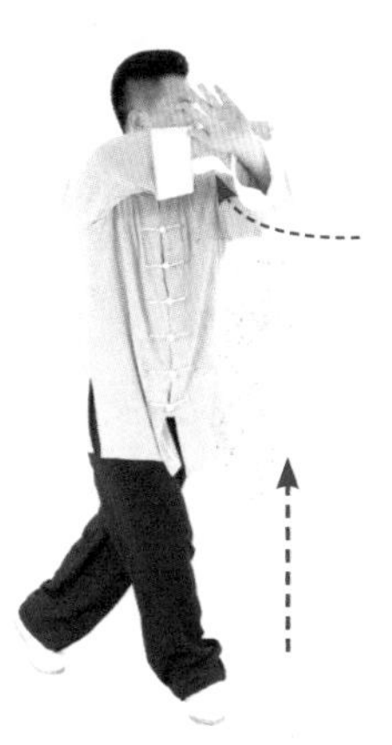

6 双脚位置不变，身体直立站起，重心提升；同时双手保持交叉状态，向前、向上推至额头右上方。

7 保持双手和上身姿势不变，重心转移至右腿，右腿伸直，左腿向上提膝，脚尖向下。

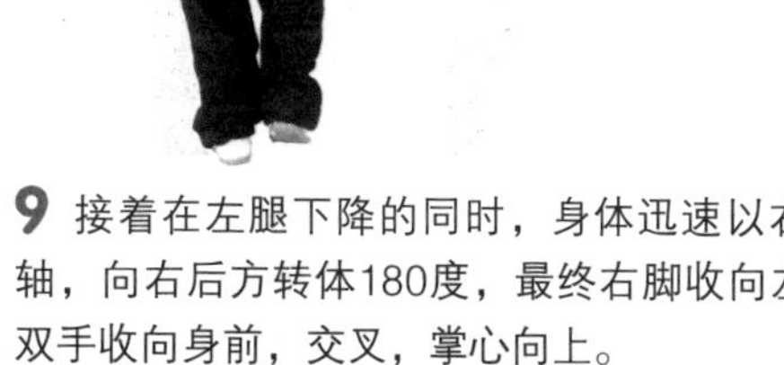

8 左腿快速向左前方踢出，脚踝约同肩高；同时左手快速拍击左脚脚面；右手向身体右侧打开，掌心向外。

9 接着在左腿下降的同时，身体迅速以右脚为轴，向右后方转体180度，最终右脚收向左脚；双手收向身前，交叉，掌心向上。

第三十七式 右蹬一跟

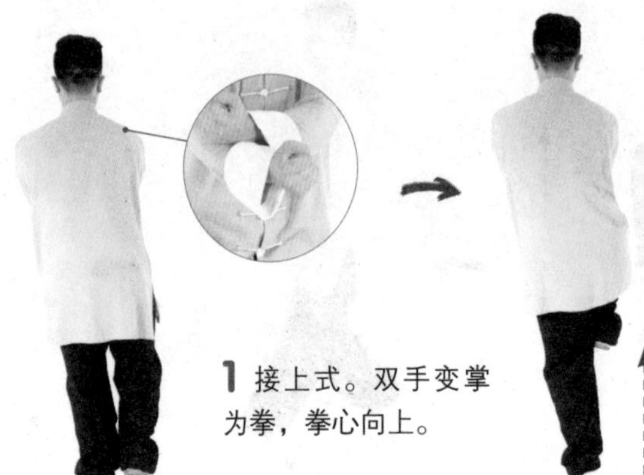

1 接上式。双手变掌为拳，拳心向上。

2 右腿向上提膝，上身略略向左、向后仰。

3 右腿迅速向右蹬出，约与地面平行；同时双臂迅速向身体两侧打开。

4 紧接上一步骤，右腿迅速回撤，恢复为提膝状态，脚尖向下；双手变拳为掌，左手向下画弧，右手向身前画弧。

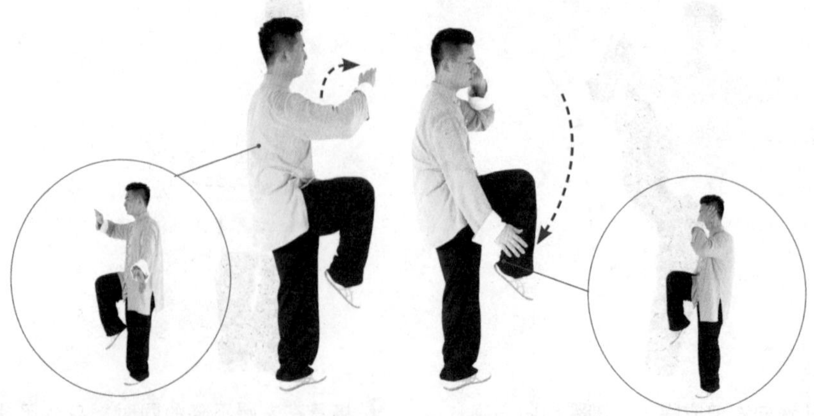

5 以左脚为轴，保持右腿屈膝状态，迅速向右转体90度；同时右手从胸前沿顺时针画弧至身体右侧；左手从身体左侧上摆至左耳旁。

第三十八式 掩手肱拳

1 接上式。右脚下落踩实，双腿屈膝。双手在胸前交叉，掌背相对，掌心向外。眼睛看向双手。

2 左腿向左前方迈出一步，然后双腿屈膝，重心下降；同时两手下压至腹部前方，掌心朝下。

3 左膝前顶，右腿打开，呈左弓步，双手向身体两侧平举，掌心向外。

4 上身右转，身体后坐，重心下降；同时右手变掌为拳，屈肘收于右胸前；左臂向身前屈肘，手同肩高。

5 上身迅速左转，同时右腿快速蹬直；右手快速向正前方出拳，拳心向下；左手则快速收向左侧腰间。

第三十九式 小擒打

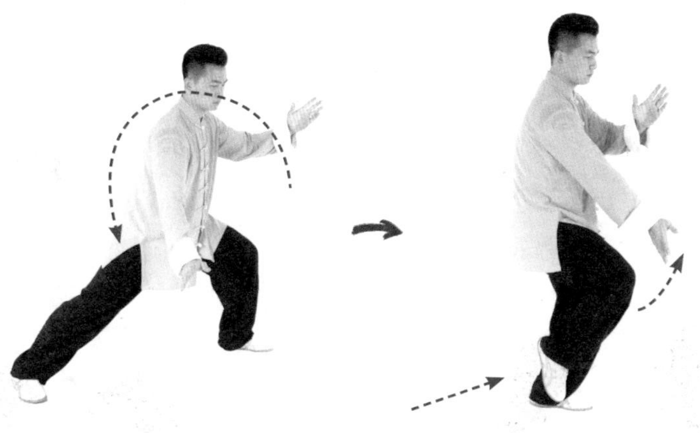

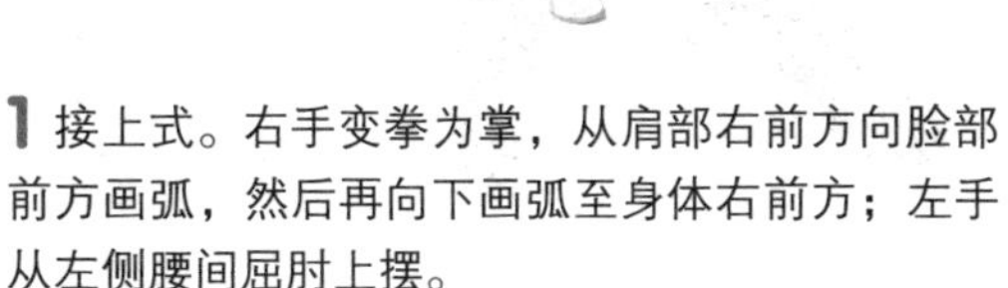

1 接上式。右手变拳为掌，从肩部右前方向脸部前方画弧，然后再向下画弧至身体右前方；左手从左侧腰间屈肘上摆。

2 重心左移，上身左转，右脚靠近左脚，脚不挨地；右手继续向前、向上画弧；左臂屈肘靠近胸前。

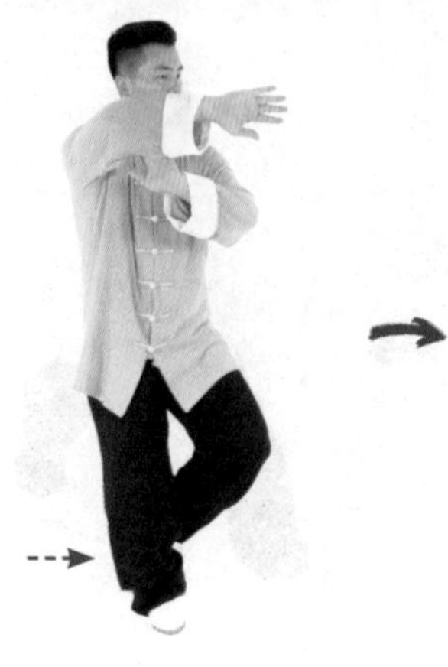

3 右脚向右前方落地；同时右手向上画弧至肩部右前方；左手贴近右臂内侧，掌心向右。

4 左脚上前，贴近右脚，脚尖不挨地，上身右转；同时右掌外翻，掌心向外。眼睛看向右手。

5 左脚向左侧迈一步，右腿屈膝，重心右移，上身稍稍右转；同时右手向右摆；左手向下画弧。

6 左腿向左顶膝，右腿伸展，重心左移，上身稍稍左转；同时右手向下画弧至身体右前方；左手向左下方画弧至身体左侧。

7 右腿彻底打开，呈左弓步姿势，上身左转；同时左手向上画弧至腕与肩平；右手向左、向上画弧至胸部左前方，再向胸部屈肘。

8 重心右移，双腿屈膝，保持重心稳定，上身稍稍右转；同时双臂屈肘收向胸前。

9 左膝前顶，上身稍稍左转；同时双臂向前推，掌心向前。眼睛看向前方。

第四十式 抱头推山

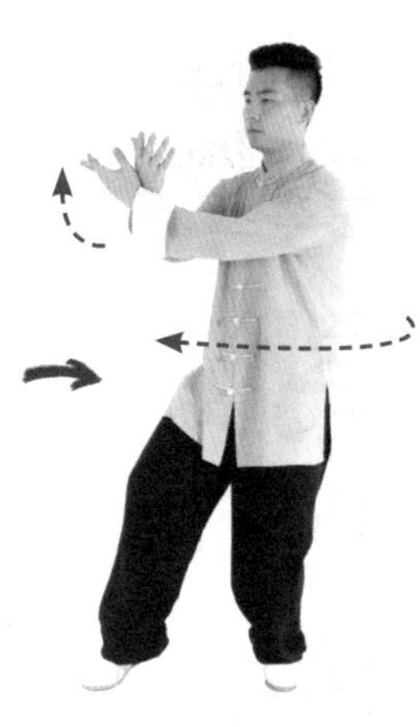

1 接上式。屈右膝，重心右移，上身右转；同时双手在身前交叉，掌心斜向内。眼睛看向双手。

2 上身继续右转，重心提升；右脚向左脚收一步，脚尖点地。

3 以左脚为轴，身体右转约180度，重心继续提升；双手上抬至腕与肩平。

4 双手下落至腹部前方，掌心向上。眼睛看向双手。

5 双手向身体两侧打开，直至腕与肩平。

6 上身左转，右脚收向左脚，脚不挨地；同时双臂从身体两侧向身前屈肘，双手掌心相对。眼睛看向左手。

7 右脚向右跨出一大步，重心降低；同时双掌合向身前，掌同肩高。

8 右腿屈膝，重心右移，上身右转约90度；同时双手跟随上身的右转，向右前方推掌，直至手臂完全打开。

第四十一式 六封四闭

1 接上式。双腿屈膝，重心下降，上身左转，重心左移；同时双手一起向下、向左捋，掌心向外。

2 双手捋至身体左侧，左手掌心向后，右手掌心向上；同时上身继续左转，右腿彻底伸展开。

3 上身右转，屈右膝，重心移至右腿，左腿伸展开；同时右掌下翻，向右屈肘回撤；左掌上翻，向上屈肘，掌心向右。

4 上身右转，左脚向右脚的方向上一小步，脚尖点地；同时右手回撤至胸前；左手经左耳向前、向下推，直至接近右手，双手拇指指尖相对。

5 双腿屈膝，重心下降的同时，双手向前、向下推，直至腹部前上方。眼睛看向双手。左脚保持脚尖点地。

第四十二式 单鞭

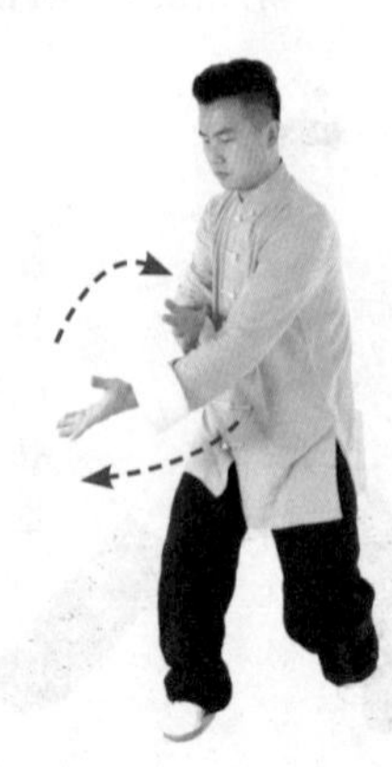

1 接上式。右臂屈肘，右手收向胸前；同时左手向前、向下探出，掌心向上。

2 右手在胸前位置变掌为钩手，然后右手向右前方、向上摆至约与肩平；左手收至腹部正前方。

3 重心转移至右腿，左脚收向右脚，脚不挨地。

4 左脚向左侧跨一大步，脚跟先着地，然后过渡至全脚掌着地，左腿蹬直，头部左转，看向左侧。

5 上身稍稍左转，左腿向左顶膝；同时左手从腹部正前方摆向腹部左前方。

6 右腿屈膝，上身右转；同时左手向右、向上画弧，靠近右手；头部也跟随右转。

7 双脚踏实，重心保持稳定；左手向左水平捋，一直捋至身体左侧，手臂打开，掌心向左，眼睛看向左手，视线跟随左手移动。

8 屈双膝，重心下降，左掌向上竖起，掌心向前。眼睛看向前方。

第四十三式 前招

1 接上式。上身前倾，右手向左下方画弧，眼睛看向右手。

2 重心左移，左腿向左顶膝，右腿伸展开，上身左转；同时左手保持动作，右手向左划向胸部左前方。

3 重心右移，上身右转，屈右膝；同时左手下压至髋部左侧；右手画弧至右肩前方，向外翻掌。

4 左脚快速靠近右脚后，向前迈出一步，上身右转；同时右手快速画弧至头部右上方；左手向右画弧，掌心斜向内。

第四十四式 后招

1 接上式。左腿伸展开，重心向后，上身右转；左手继续向右画弧至髋部前方。

2 左脚尖提起后内旋落地，双腿屈膝，重心下降，上身继续右转；同时左手向上画弧至与下颌齐平；右手向下画弧至身体右侧。

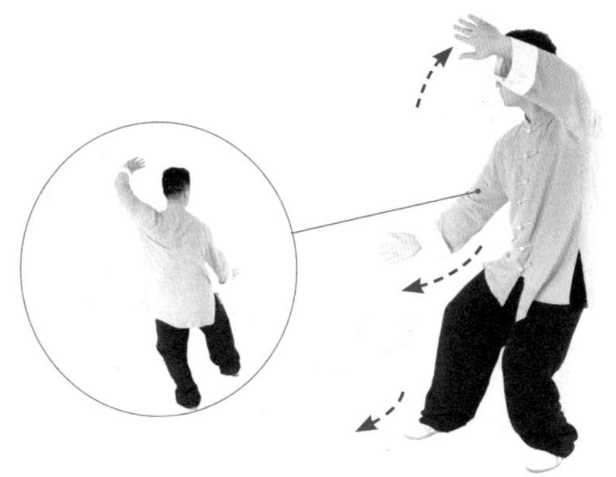

3 右脚向右前方迈一小步，上身稍稍左转；同时左手画弧至头部左上方，掌心向外；右手向左画弧至右腿前上方，掌心向左。

第四十五式 野马分鬃

1 接上式。重心右移；同时左手经身体左后方向下画弧至髋部左前方；右手经身前向上画弧至脸部前方。

2 上身右转；同时左手继续向右画弧至腹部右前方；右手掌心外翻。

3 重心移至左腿，身体后坐，上身略略左转；同时右手向下画弧至髋部右前方；左手向上画弧至头部左上方。

4 上身左转，右脚快速靠近左脚后再快速向右跨出一步，重心下降；同时右手收向胸前；左手经身体左侧下按至髋部左侧。眼睛看向右手。

5 右腿向右前方顶膝，左腿伸直，重心右移，上身向右、向前倾；同时右手经身前向右上方画弧，直至头部右前方；左手外摆，掌心斜向下。

6 上身右转，重心转移至右腿，左脚收向右脚，脚不挨地；左手经身前向左前方画弧；右手下按。

7 左脚向左前方跨一步，向左前方顶膝，右腿伸展；同时左手向上画弧至头部左前方；右手继续下按至髋部右侧。

第四十六式 六封四闭

1 接上式。上身稍稍左转，右手向左上方摆至胸部左前方。

2 重心右移，左腿伸展开；同时右手向右摆向身体右前方，腕与肩平，掌心向上；左手向右摆至胸部右前方，掌心向内。

3 向左转体，右脚贴向左脚，脚尖点地；同时右臂屈肘，右手收至胸前，掌心向左；左臂保持屈肘，左掌下翻。

4 上身继续左转，右脚向右跨出一步，屈膝，保持重心稳定。眼睛看向右手。

5 右腿向右顶膝，上身右转，左腿伸展开；同时双手向前推，掌心向前。

6 双腿屈膝，重心下降，上身左转，重心左移；同时双手一起向下、向左捋，掌心向外。

7 上身继续左转；同时双手继续捋至身体左侧，左手掌心向外，右手掌心向上。

8 上身右转，屈右膝，重心移至右腿，左腿略略打开；同时右掌下翻，向右屈肘回撤；左掌上翻，向上屈肘，掌心向右。

9 向右转体，左脚向右脚的方向上一小步，脚尖点地；同时右手回撤至胸前；左手向前、向下推，直至接近右手，两手拇指指尖相对。

10 双腿屈膝，重心下降的同时，双手向前、向下推，直至腹部前上方。眼睛看向双手。左脚保持脚尖点地。

第四十七式 单鞭

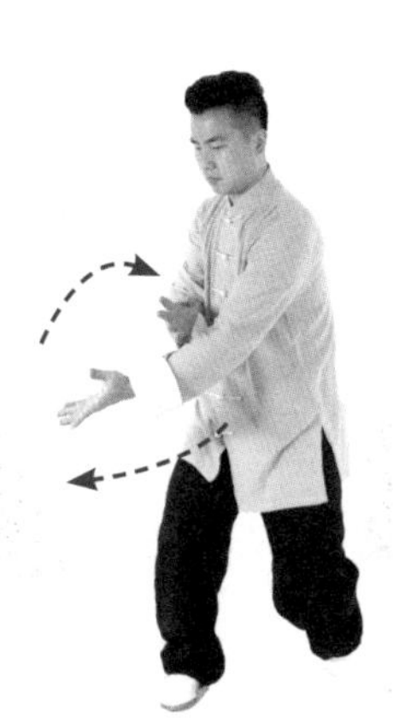

1 接上式。右臂屈肘，右手收向胸前；同时左手向前、向下探出，掌心向上。

2 右手在胸前位置变掌为钩手，然后右手向右前方、向上摆至约与肩平；左手收至腹部正前方。

3 重心转移至右腿，左脚收向右脚，脚不挨地。

4 左脚向左侧跨一大步，脚跟先着地，然后过渡至全脚掌着地，左腿蹬直，头部左转，看向左侧。

5 上身稍稍左转，左腿向左顶膝；同时左手从腹部正前方摆向腹部左前方。

6 右腿屈膝，上身右转；同时左手向右、向上画弧，靠近右手；头部也跟随右转。

7 双脚踏实，重心保持稳定；左手向左水平捋，一直捋至身体左侧，手臂打开，掌心向左，眼睛看向左手，视线跟随左手移动。

8 屈双膝，重心下降，左掌向上竖起，掌心向前。眼睛看向前方。

第四十八式 玉女穿梭

1 接上式。上身前倾，双手向身前画弧。

2 重心左移，上身左转；同时右手向左上方画弧至腹部前方；左手向右摆至胸部右前方，贴近右臂之上。

3 以左脚为轴，向右转体约90度，重心后撤，右脚向左脚收一小步，脚尖点地；右手从胸前向右上方画弧至右肩前方；左手仍位于胸部右前方。眼睛看向右手。

4 双手同时沿顺时针方向，先向右上方画弧，再向左下方画弧至腹部前方；同时身体也跟着双手运动的轨迹，做顺时针扭转，顺势降低重心。

5 重心移至左腿，右膝向上高高提起，重心提升；同时右手向上翻掌，抬至与肩齐平；左手上抬高度稍稍低于右手，掌心向右。

6 左脚小幅上纵离地，下落时，右脚也用力向下落地；同时双手向下翻掌，下压至腹部右前方。

7 右膝再次快速提起，双手交叉于胸前，掌心向内。

8 上身迅速稍稍左转，后仰；同时双手向两侧分开，掌心相对。

9 右脚快速向右蹬出；同时左臂用力向左顶肘；右手快速向右推出。眼睛看向右腿蹬出的方向。

10 右脚向右快速落地，重心跟随右移。

11 重心快速移至右腿，向右转体约90度，左脚快速向前跨一大步，落地时脚尖内旋，同时再次快速向右转体约90度；左手贴向右臂后，快速向左画弧；右臂屈肘水平右摆。

12 右脚快速插向左后方，脚尖先着地，上身右转；同时右手向右上方画弧至头部右前方。眼睛看向左侧。

13 右脚脚掌落地，上身右转约180度；同时右手跟随上身一起右转；左手向右下方画弧至髋部左侧。眼睛看向左手的方向。

第四十九式 懒扎衣

1 接上式。重心移向左腿，右脚收向左脚，脚不挨地；同时左手向后、向上画弧；右手向下画弧，眼睛随右手转动。

2 右腿快速向右跨出一大步，呈左弓步，重心下降；同时右手向左、向上划至胸前，掌心向上；左臂屈肘，左手右推，直至左腕贴向右臂内侧。

3 双手同时向身前做小幅内摆，然后重心移至左腿，上身左转，同时右手小幅左摆，掌心向左；左腕保持贴在右臂内侧。

4 重心移至右腿，上身右转回正；同时右手水平右捋，掌心向外；左手向下、向左画弧。眼睛看向右手。

5 右手捋至身体右前方，竖掌，约同肩高；左手贴至左腿上方，虎口向内；同时屈膝，持续降低身体重心。

第五十式 六封四闭

1 接上式。双腿屈膝，重心下降，上身左转，重心左移；同时双手一起向下、向左捋，掌心向外。

2 双手捋至身体左侧，左手掌心向后，右手掌心向上；同时上身继续左转，右腿彻底伸展开。

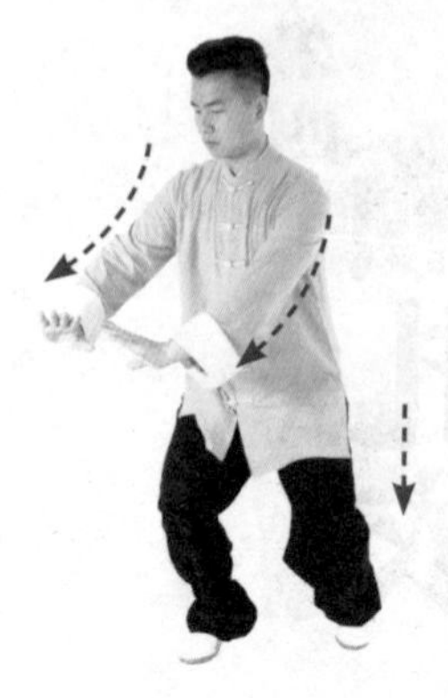

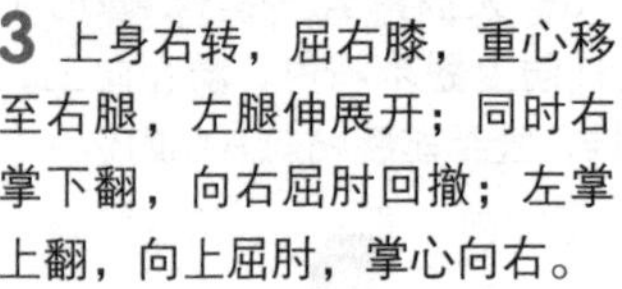

3 上身右转，屈右膝，重心移至右腿，左腿伸展开；同时右掌下翻，向右屈肘回撤；左掌上翻，向上屈肘，掌心向右。

4 上身右转，左脚向右脚的方向上一小步，脚尖点地；同时右手回撤至胸前；左手经左耳向前、向下推，直至接近右手，双手拇指指尖相对。

5 双腿屈膝，重心下降的同时，双手向前、向下推，直至腹部前上方；同时上身后仰。眼睛看向双手。左脚保持脚尖点地。

第五十二式 单鞭

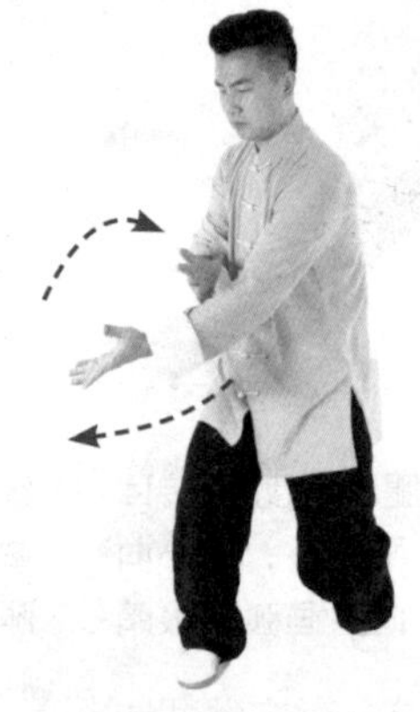

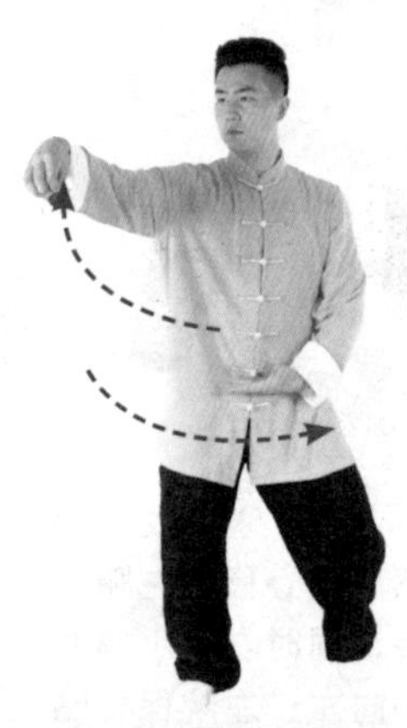

1 接上式。右臂屈肘，右手收向胸前；同时左手向前、向下探出，掌心向上。

2 右手在胸前位置变掌为钩手，然后右手向右前方、向上摆至约与肩平；左手收至腹部正前方。

3 重心转移至右腿，左脚收向右脚，脚不挨地。

4 左脚向左侧跨一大步，脚跟先着地，然后过渡至全脚掌，左腿蹬直，头部左转，看向左侧。

5 上身稍稍左转，左腿向左顶膝；同时左手从腹部正前方摆向腹部左前方。

6 左腿屈膝，上身右转；同时左手向右、向上画弧，靠近右手；头部也跟随右转。

7 双脚踏实，重心保持稳定；左手向左水平捋，一直捋至身体左侧，手臂打开，掌心向左，眼睛看向左手，视线跟随左手移动。

8 屈双膝，重心下降，左掌向上竖起，掌心向前。眼睛看向前方。

第五十二式 云手

1 接上式。保持重心稳定，右手由钩手变为掌向下、向左画弧。

2 左膝前顶，右腿伸展开，上身左转；同时右手继续向左、向上画弧，直至左胸前方。

3 右腿屈膝，重心右移，上身右转；同时右手向外翻掌；左手向下、向右画弧。

4 重心继续右移，左腿伸展开，上身右转；同时右手向右水平画弧至头部右前方；左手也一起向右画弧。

5 上身左转，重心迅速移至左腿，右脚插向左脚的左后方，脚尖先着地；同时左手向左上方画弧至左肩前方，掌心向前；右手向下画弧至髋部右前方，再向左、向上画弧至身体左侧，并向上靠近左手。

6 重心转移至右腿，上身右转，左腿向左迈出一步；同时右手翻掌，掌心向外，左手翻掌，掌心斜向外。

7 身体回正，屈双膝，重心下降；同时右手向下画弧至右腿外侧；左手从腹部右前方继续向上画弧至右肩前。

8 上身稍稍左转，重心迅速移至左腿，右脚再一次插向左脚的左后方，脚尖先着地；同时左手从右肩前向左水平画弧至左肩前方，掌心向前；右手向左、向上画弧至身体左侧，并向上靠近左手。

9 重心移至右腿，上身稍稍右转，左腿向左迈出一步；同时右手向外翻掌，经脸部前方向右画弧至脸部右前方；左手向上翻掌，屈肘靠近左肩。

第五十三式 摆脚跌岔

1 接上式。右腿向右顶膝，上身右转；同时左手经脸部前方向右摆至右胸前；右手也向上、向右摆至右肩的右前方。

2 重心左移，上身左转，右脚贴向左脚，脚尖挨地；同时两手向下画弧。

3 重心移至左腿，右腿向左前方提膝。

4 保持重心稳定，右腿向左前方踢出；同时两手快速左摆，右臂屈肘，右手摆至胸部左前方，左手摆至左肩的左前方。

5 右腿迅速向右、向下摆；同时两手快速右摆。

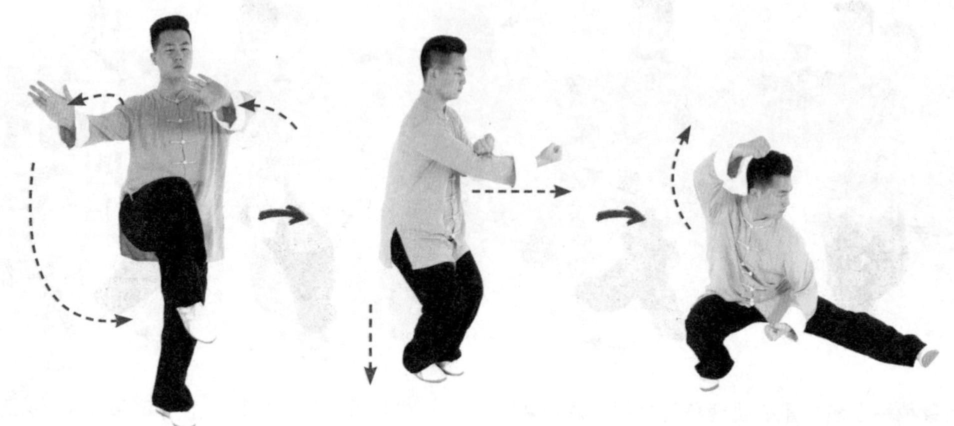

6 右腿向下屈膝后，左摆至髋部前方，脚尖向下；同时右手向右摆至右肩的右前方；左臂向右屈肘左手摆至胸前。

7 以左脚为轴，向左转体约90度，右脚向下跺脚落地，并贴着左脚；右脚落地的同时双手变拳，右手向前出拳；左拳置于右臂上。

8 左腿向前迈一大步，右腿向右屈膝下蹲，重心下降，上身右转约90度；同时右臂翻转，拳心向下，摆向头部右后方；左拳跟随上身一起右转。

9 左腿继续向前滑，直至左腿完全着地，脚掌向前，脚尖向上，右腿的小腿内侧也着地；同时左拳向前伸至左脚上方；右拳尽量向右后方摆动。

第五十四式 金鸡独立

1 接上式。双脚用力站起，重心前移；左臂跟随提升，右臂稍稍下压。

2 继续起身，重心移至左腿，右腿向右前方迈出一步；右手收回至腹部；左手跟随重心的提升，上摆至腕与肩平。

3 右手变拳为掌，上摆至肩部右前方，掌心向内；左手变拳为掌，向下翻掌并下按至腰部左侧。

4 重心移至左腿，右膝上提，脚尖勾起；同时右手上举至头部右上方，掌心向上，指尖朝向左后方；左手下压至髋部左侧，掌心向下，指尖朝前。眼睛看向前方，通体有力，充满精气神。

5 左腿屈膝，右腿保持勾脚尖，缓慢向下落，落地时用力踩地；同时右臂屈肘，右手下按至髋部右前方，下按的最后一刻要用力，和右脚用力踩地相配合。

6 上身稍稍右转，两手稍稍右摆。

7 然后上身左转，右脚向右迈一步，脚跟着地，重心左移；同时左手向左、向上画弧至左肩前；右手向上、向左画弧至胸部靠上位置。

8 右脚掌落地，屈膝降低重心，上身继续左转；同时双手向下方画弧。

9 重心右移，双手向右下方画弧至身体前方。

10 重心移至右腿，左脚脚尖点地，为提膝做准备；同时右手向右下方画弧至髋部右侧；左手向上翻掌，屈肘上抬至手约与肩平。

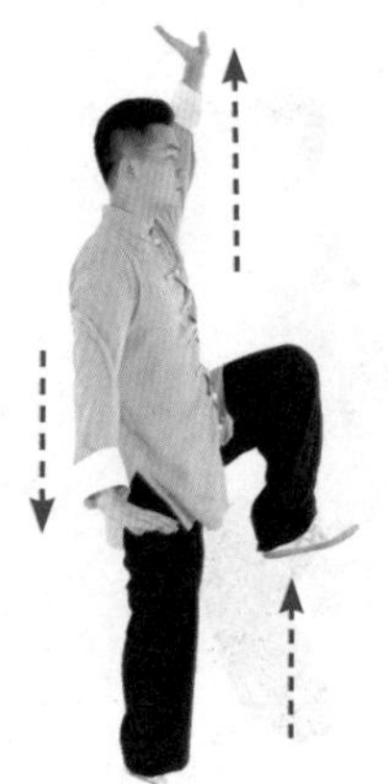

11 右腿伸直，重心上提，左腿提膝抬起；同时右手向下按掌，直至手臂伸直；左手向上推至头部左上方，掌心向上。眼睛看向前方，通体有力，充满精气神。

第五十五式 倒卷肱

1 接上式。左腿向左后方落地，屈右膝，重心下降；同时右手先上提至身前，再摆至右肩的右前方，掌心向前；左手经身前向左下方画弧至髋部左侧。眼睛看向右手的方向。

2 上身左转；同时左手向左上抬至与肩平；右手掌心下压。

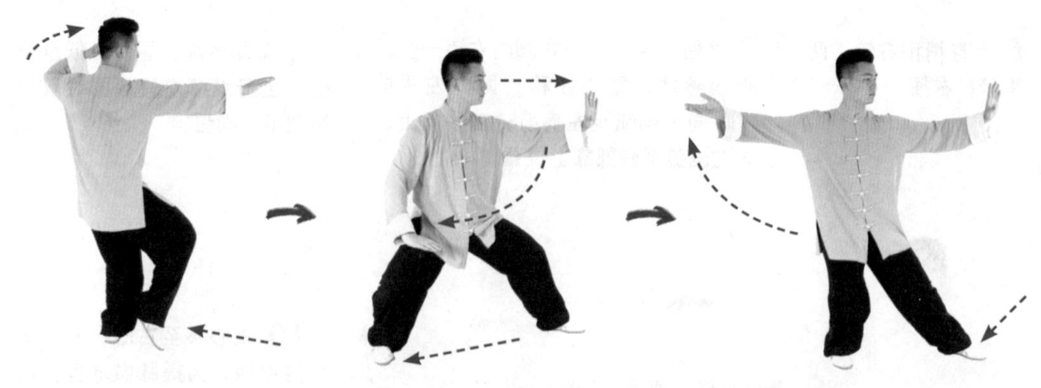

3 右脚收向左脚，脚尖点地；同时左臂屈肘，左手收回至耳侧，头部向右侧偏转。

4 上身右转，右腿向右后方撤步，屈双膝，重心下降；同时左手经左耳侧前推；右手向下画弧至髋部右前方。眼睛看向左手。

5 左脚向右前方迈一小步，伸直，脚尖点地，重心右移，上身右转；同时右臂向身体右侧打开，腕与肩平。

6 左脚收向右脚，脚尖点地；同时右臂向右耳侧屈肘。

7 左腿向身体左后方撤步，上身左转；同时右手经右耳侧向前推出；左手向左侧腰间画弧。

第五十六式 白鹤亮翅

1 接上式。重心左移，上身左转；同时左手从左侧腰间向左上抬至与肩平。

2 右手掌心下翻，右脚收向左脚，脚尖点地；同时左臂屈肘，左手收回至耳侧，头部向右侧偏转。

3 上身右转，右腿向右后方撤步，屈双膝，重心下降；同时左手经左耳侧前推；右手向下画弧至髋部右前方。眼睛看向左手。

4 左脚向右前方迈一小步，脚尖点地，重心右移，上身右转；同时右臂向身体右侧打开，腕与肩平。

5 左脚收向右脚，脚尖点地；同时右臂向右耳侧屈肘。

6 左腿向身体左后方撤步，上身左转；同时右手经右耳侧向前推出；左手向左侧腰间画弧。

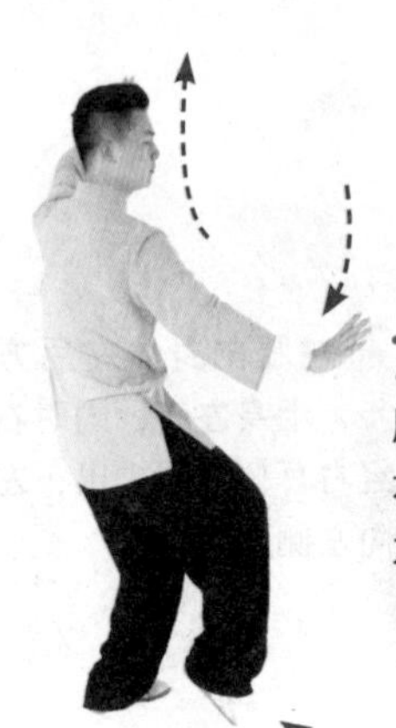

7 上身稍稍左转，右脚稍稍收向左脚，脚尖点地；同时右手下按至腹部右前方，掌心向下；左手上举至头部左前方，手臂打开，掌心向外。

8 右脚向右后方迈一步；同时两手收向胸前，交叉，左手架在右手上，掌心向右，右手掌心向左。

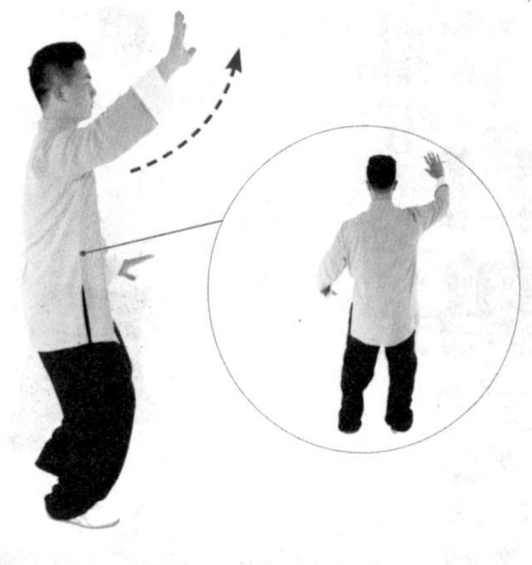

9 右腿屈膝，重心向后，然后左脚收向右脚；同时双掌外翻，上抬至脸部前方。

10 屈膝，降低重心，上身左转；同时右手上抬至头部右前方；左手下按至腹部左前方。

第五十七式 斜行

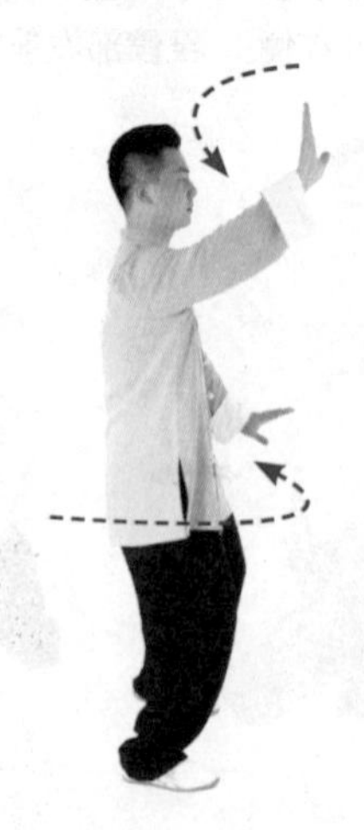

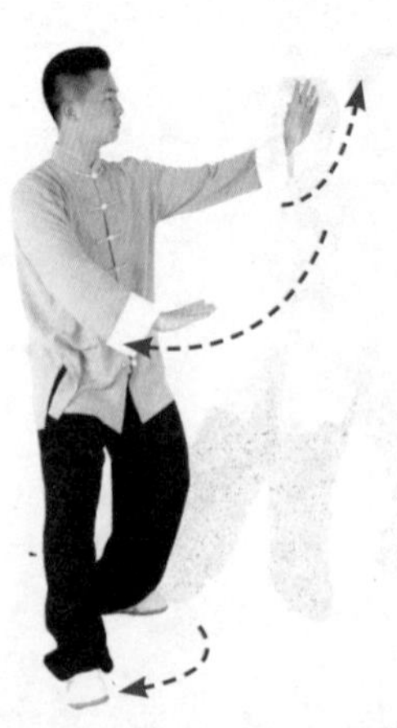

1 接上式。保持重心稳定，身体微微左拧；同时右手向内、向下沿逆时针方向摆动；左手从腹部左前方向左后方摆动。

2 以右脚脚跟为轴，身体右转约90度；同时右手向右、向下画弧至腹部右前方；左手向左、向上划至头部左前方。眼睛看向左手。

3 保持重心稳定，左脚先收向右脚，然后向左后方跨出一大步；同时右手推向身体右侧；左臂先微微屈肘收向身前，然后再稍稍前推。

4 上身右转，屈膝保持身体稳定；同时右掌上翻，右臂上抬约与肩平；左手经脸部左前方，摆向右胸前方。眼睛看向右前方。

5 左腿向左顶膝，重心下降，上身左转，前倾；同时右臂屈肘，右手贴向右耳；左手掌心向下，指尖向右，随着身体的左转，向左、向下捋。

6 随着上身的左转，右腿打开伸直，呈左弓步，重心提升；同时左手继续从身前摆向左上方，腕部略高于肩，然后掌变为钩手；右手跟随头部的左转，自然贴向左臂的大臂内侧。眼睛看向左手的方向。

7 右手沿左臂前推，手臂伸直，掌心向前；左手呈钩手状，保持不动。

8 上身右转，右手水平向右推至身体右前方，指尖向左。眼睛一直跟随右手方向转动。

9 右臂向下沉腕，右手指尖向上，掌心向前。眼睛看向右手的方向。

第五十八式 闪通背

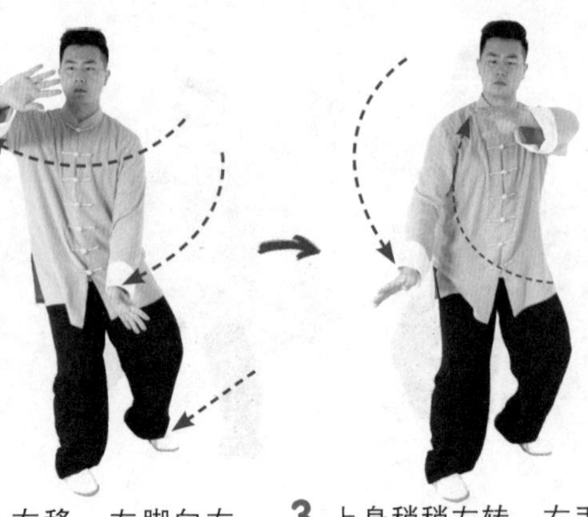

1 接上式。保持左弓步姿势，上身左转；同时右手向外翻掌，再向左画弧至左肩前方，指尖向右；左手变钩手为掌，向左推掌，掌心向左。

2 屈右膝，重心右移，左脚向右脚靠近一小步，脚尖着地；同时右手腕翻转，变为指尖向左，掌心向外，向右画弧至右肩前方；同时左手向下、向右画弧至髋部前方。

3 上身稍稍左转，右手向右、向下画弧至髋部右侧，掌心向下；左手向右上方画弧，并屈肘收于身前，约同肩高。

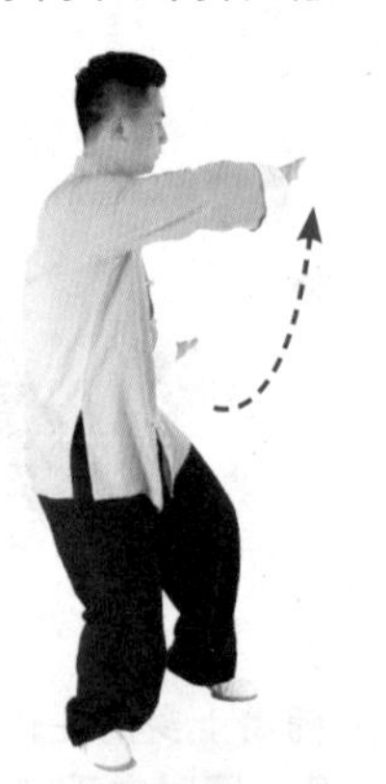

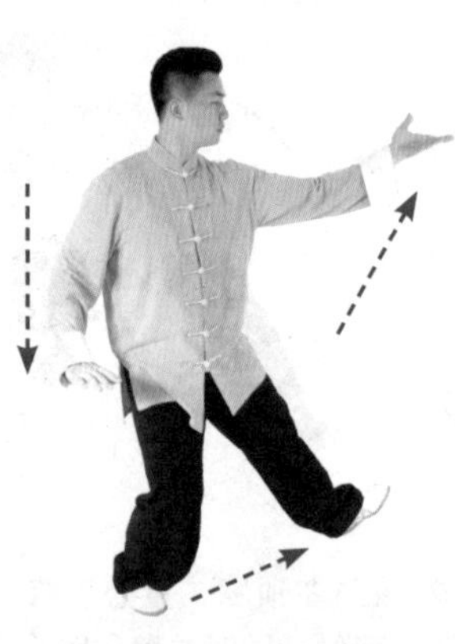

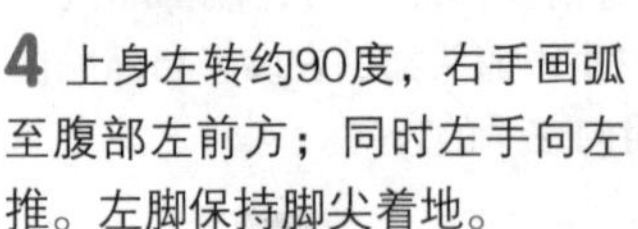

4 上身左转约90度，右手画弧至腹部左前方；同时左手向左推。左脚保持脚尖着地。

5 重心转移至右腿；同时右臂屈肘，右手向上画弧至胸前；左手向下画弧至髋部左侧。

6 上身右转，左脚向左前方跨出一步，脚跟着地；同时右手下按至髋部右侧；左手上划，掌心向上，约同肩高。

7 左脚踩实，左腿向左前方顶膝，右腿伸直，呈左弓步，上身左转并前倾；左手翻掌向下按至髋部左侧；右手向上翻掌，并向上、向前穿至右胸前方。

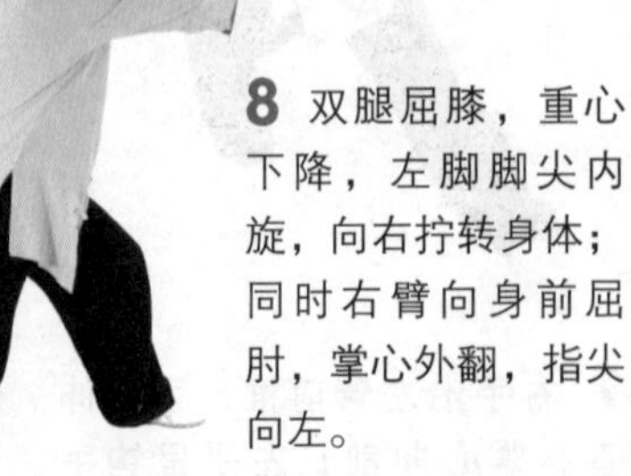

8 双腿屈膝，重心下降，左脚脚尖内旋，向右拧转身体；同时右臂向身前屈肘，掌心外翻，指尖向左。

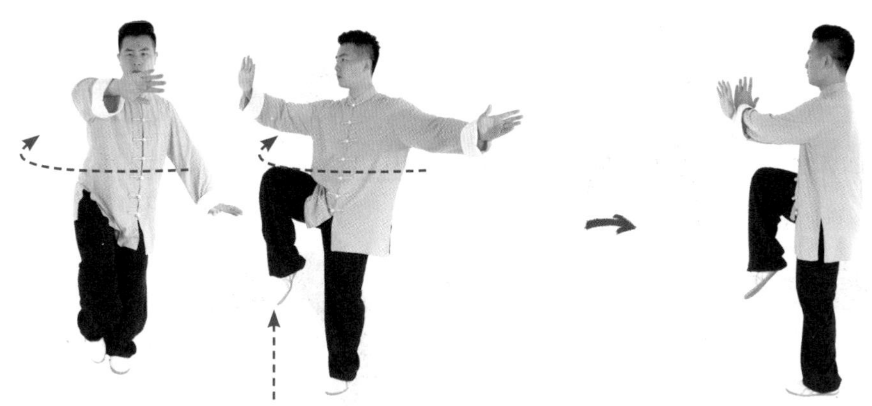

9 以左脚为轴，身体迅速向右转体180度；同时右腿向上提膝，脚尖向下；右臂保持在身前屈肘，掌心向外，跟随身体一起右转；左臂向身体左侧打开，约与肩平。眼睛看向右手。

10 双手在身前交叉，掌背相对，掌心向外。眼睛看向前方。

第五十九式 掩手肱拳

1 接上式。保持双手在胸前交叉姿势，右脚下落踩实，双腿屈膝。

2 保持双手姿势，左腿向左前方迈出一步。

3 屈膝，重心下降；同时两手下压至腹部前方，掌心朝下。

4 左膝前顶，右腿打开，呈左弓步，双手向身体两侧平举，掌心向外。眼睛看向左手。

5 上身右转，身体后坐，重心下降；同时右手变掌为拳，屈肘收于右胸前；左臂向身前屈肘，手同肩高。

6 上身迅速左转，同时右腿快速蹬直；右手快速向正前方出拳，拳心向下；左手则快速收向左侧腰间。

第六十式 六封四闭

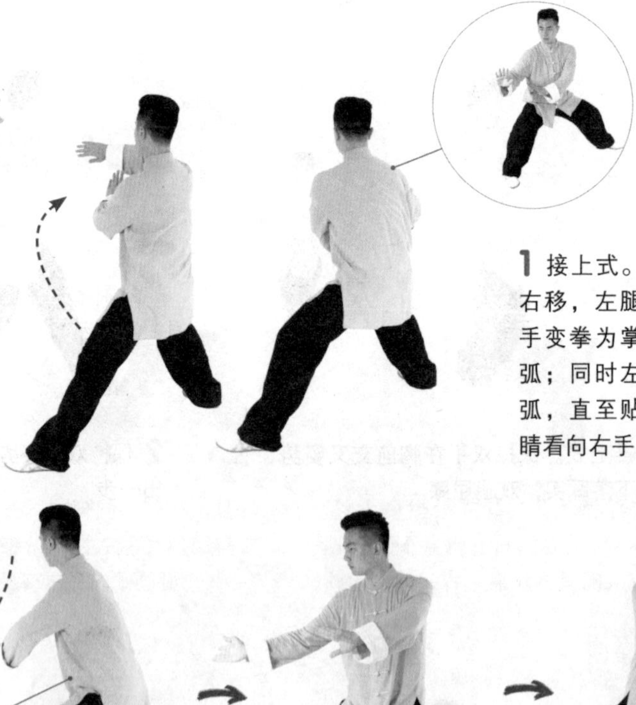

1 接上式。上身右转，重心右移，左腿伸展开；同时右手变拳为掌，向右、向下画弧；同时左手向右、向上画弧，直至贴近右手腕部。眼睛看向右手。

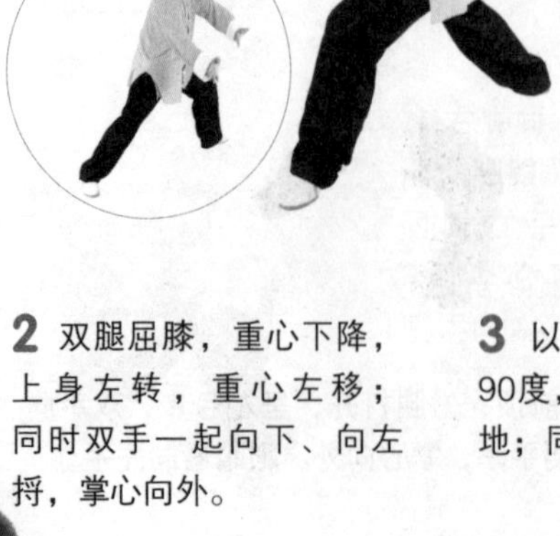

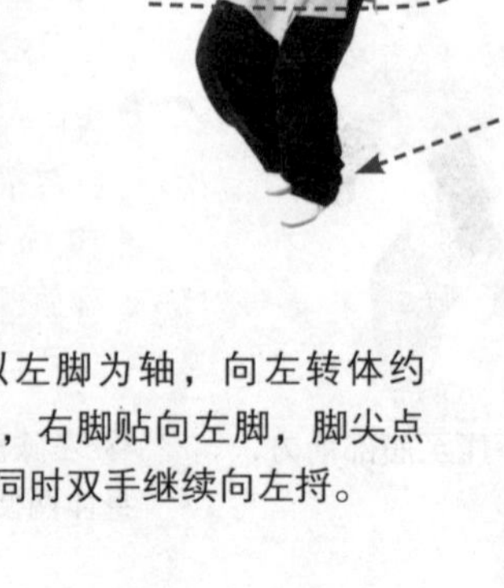

2 双腿屈膝，重心下降，上身左转，重心左移；同时双手一起向下、向左捋，掌心向外。

3 以左脚为轴，向左转体约90度，右脚贴向左脚，脚尖点地；同时双手继续向左捋。

4 上身继续左转，右脚向右前方迈出一步；同时双手继续捋至身体左侧，左手掌心向外，右手掌心向上。

5 上身右转，屈右膝，重心移至右腿，左腿略略打开；同时右掌下翻，向右屈肘回撤；左掌上翻，向上屈肘，掌心向右。

6 向右转体，左脚向右脚的方向上一小步，脚尖点地；同时右手回撤至胸前；左手向前、向下推，直至接近右手，两手拇指指尖相对。

7 双腿屈膝，重心下降的同时，双手向前、向下推，直至腹部前上方。眼睛看向双手。左脚保持脚尖点地。

第六十一式 单鞭

1 接上式。右臂屈肘，右手收向胸前；同时左手向前、向下探出，掌心向上。

2 右手在胸前位置变掌为钩手，然后右手向右前方、向上摆至约与肩平；左手收至腹部正前方。

3 重心转移至右腿，左脚收向右脚，脚不挨地。

4 左脚向左侧跨一大步，脚跟先着地，然后过渡至全脚掌，左腿蹬直，头部左转，看向左侧；同时左臂继续从腹部正前方摆向腹部左前方。

5 上身稍稍左转，左腿向左顶膝；同时左手从腹部正前方摆向腹部左前方。

6 右腿屈膝，上身右转；同时左手向右、向上画弧，靠近右手；头部也跟随右转。

7 双脚踏实，重心保持稳定；左手向左水平捋，一直捋至身体左侧，手臂打开，掌心向左，眼睛看向左手，视线跟随左手移动。

8 屈双膝，重心下降，左掌向上竖起，掌心向前。眼睛看向前方。

第六十二式 云手

1 接上式。保持重心稳定，右手由钩手变为掌向下、向左画弧。

2 左腿向左顶膝，右腿伸展开，上身左转；同时右手继续向左、向上画弧，直至左胸前方。

3 右腿屈膝，重心右移，上身右转；同时右手向下翻掌；左手向下、向右画弧，指尖向右前方。

4 重心继续右移，左腿伸展开，上身右转；同时右手向外翻掌，向右水平画弧至头部右前方；左手也一起向右画弧。

5 上身左转，重心迅速移至左侧；同时左手向右上方画弧至右肩前方，掌心向前；右手向下画弧至髋部右前方。

6 上身左转，重心迅速移至左腿，右脚收向左脚；同时左手向左回撤至左肩前方，掌心向前；右手向左、向上画弧至身体左侧，并向上靠近左手。

7 重心转移至右腿，上身右转，左腿向左迈出一步；同时右手向上画弧至脸部前方，再经脸部前方向右画弧；左手向下画弧至左腿外侧，再向右画弧至腹部右前方。

8 身体回正，屈双膝，重心下降；同时右手继续向下画弧至右腿外侧；左手从腹部右前方继续向上画弧至右肩前。

9 上身再一次左转，重心迅速移至左腿，右脚再次收向左脚；同时右手向左、向上画弧至左肩前方；左手经脸部前方向左画弧后再向下按至髋部左侧。

10 重心再次移至右腿，上身右转，左腿向左迈出一步；同时右手经脸部前方向右画弧；左手向右画弧至腹部右前方。

11 身体回正，屈双膝，重心下降；同时右手继续向下画弧至右腿外侧；左手从腹部右前方继续向上画弧至右肩前。

12 上身左转，左腿顶膝，右腿伸展；同时左手经脸部前方向身体左侧画弧，掌心向外。眼睛看向左手。

第六十三式 高探马

1 接上式。上身左转，右脚贴向左脚，脚尖点地；同时右手贴向左手下方，左手五指张开，掌心向右，右手掌心向上。

2 右脚向右后方撤一大步；同时右手向下翻掌。眼睛看向右手。

3 上身右转，右腿屈膝；同时右手向身体右侧画弧至腕与肩平；左手保持姿势不变。眼睛看向右手。

4 重心移向右腿；同时右臂屈肘，右手贴向右耳侧。

5 以右脚为轴，身体向左后方转体约180度；左脚向左后方斜插，脚尖先着地，再过渡到脚掌着地；同时右手经右耳侧向前水平推出；左手向下贴向腹部，掌心向上。

第六十四式 十字脚

1 接上式。右手保持掌心向前，手掌稍稍内旋；左手向下翻掌，并向右上方画弧至右臂内侧。

2 重心左移，上身稍稍左转；同时右手向右、向下画弧至腹部右前方，掌心向左，指尖向下；左手向左、向上画弧至胸部前上方，掌心向右，指尖向上。

3 右脚以脚跟为轴，向右拧转90度，带动身体向右转体90度；同时右手屈肘上抬至胸前，掌心向外，指尖向左；左手掌心贴向右臂内侧，掌心向右。

4 重心转移至右腿，同时身体右转约90度，左脚收向右脚内侧，脚不挨地；右手上抬至额头右上方；左臂保持屈肘于胸前。

5 左脚向左迈一步，落地时脚尖向前。屈双膝，重心下降。

6 重心继续下降，同时左手向左下方画弧至左膝前；右手推向右前方。眼睛看向左手。

7 左腿向左顶膝，重心左移；同时左手向上画弧至脸部左前方，并最终向胸前屈肘，竖掌，掌心向右；右手向左下方画弧至腹部左前方，并最终上划至左肘下方。

8 重心移至左腿，右脚快速贴近左脚；同时左手向外翻掌。

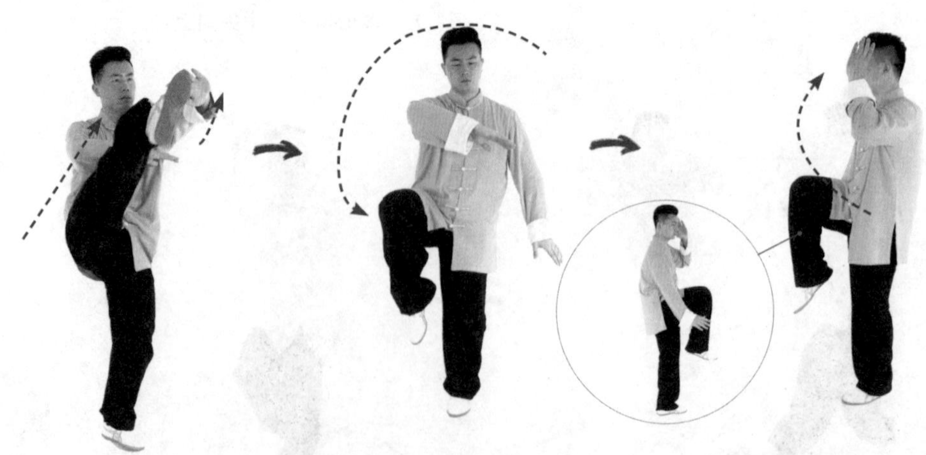

9 保持重心稳定，左手推向左肩的左上方；同时右脚向左前方上踢，脚尖触到左掌心。

10 然后右脚沿先右上方、再右下方的轨迹，呈弧线形下落至身体右侧，屈膝，脚尖向下；同时左手下落至髋部左侧。眼睛看向右手。

11 以左脚为轴，快速向右转体90度，右脚贴于左脚内侧后，紧接着快速屈膝上提，脚尖向下；同时左臂快速向上屈肘，至左手位于左耳侧；右手向右、向下摆至身体右侧。

第六十五式 指裆捶

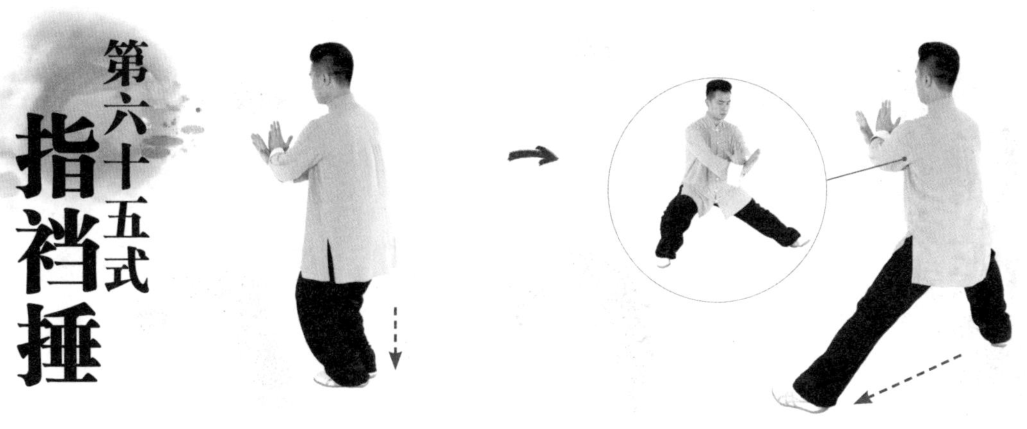

1 接上式。右脚贴左脚落地，屈双膝；同时双手在胸前交叉，掌背相对。

2 重心右移，左脚向左迈出一步。眼睛看向双手。

3 屈左膝，重心下降；同时双手向身体两侧打开。

4 左腿伸展，重心右移，上身稍稍右转；同时左臂屈肘，收向肩部左前方；右手变拳，右臂向胸前屈肘。眼睛看向左手。

5 屈双膝，重心降低，上身前倾；同时左手下摆至胸部前方，掌心向上；右拳也下落至胸前，略略高于左手。

6 保持重心稳定，右手快速向身体前下方出拳；同时左手快速向后屈肘，收向身体左侧。

第六十六式 猿猴献果

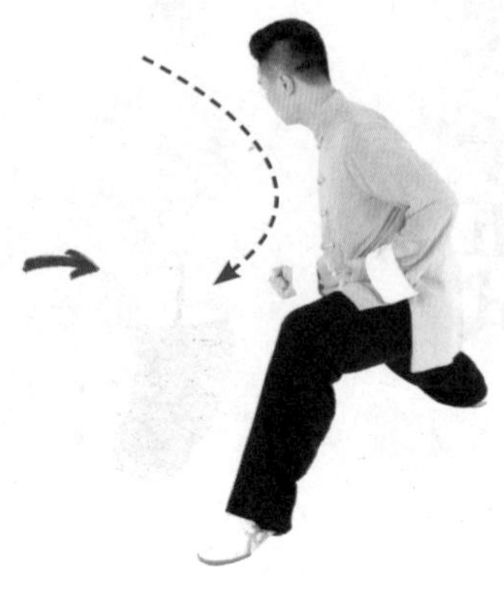

1 接上式。重心上提，上身略略右转，背部略略后弓；同时右手向右上方提起；左臂稍稍向外顶肘。

2 左腿向左前方顶膝，右膝向左下方屈膝，上身稍稍左转，重心再次下降；同时右手向右下方画弧至腹部右前方。

3 重心转移至左腿，上身左转，右脚向前贴向左脚，脚不挨地。眼睛看向右手。

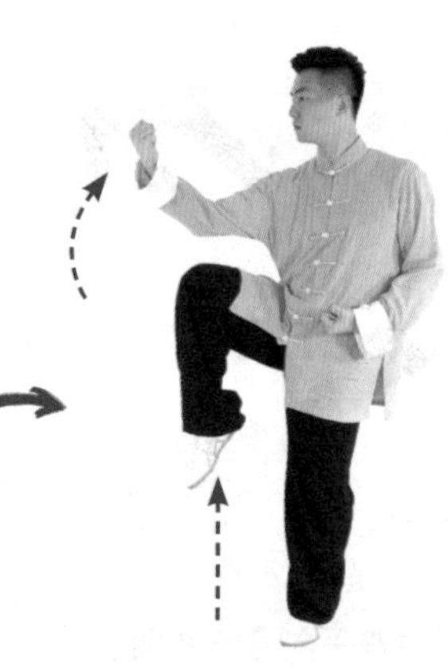

4 保持重心稳定，右膝上提，脚尖向下；同时右臂保持屈肘向上抬起，直至右拳约与鼻同高；左拳最终向右臂方向抬升。

第六十七式 单鞭

1 接上式。右脚向右前方落地；同时双手变拳为掌，向身体两侧打开。

2 上身左转，重心左移；同时双手分别屈肘收至脸部两侧的侧前方，掌心相对。

3 双腿屈膝，重心下降的同时，双手向前、向下推，直至腹部前上方。眼睛看向双手。左脚保持脚尖点地。

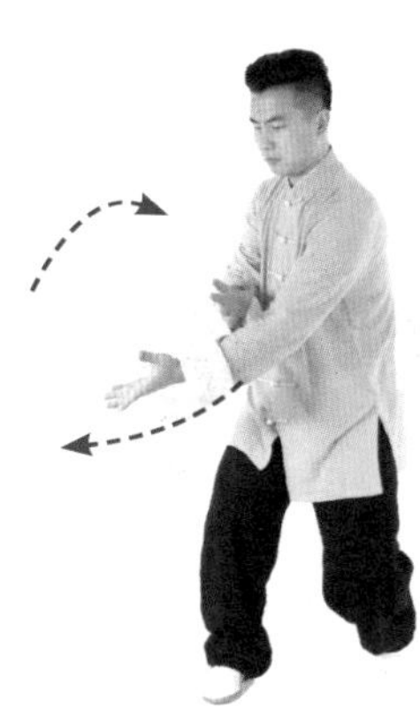

4 右臂屈肘，右手收向胸前；同时左手向前、向下探出，掌心向上。

5 右手在胸前位置变掌为钩手，然后右手向右前方、向上摆至约与肩平；左手收至腹部正前方。

6 重心转移至右腿，左脚收向右脚，脚不挨地。

7 左脚向左侧跨一大步，脚跟先着地，然后过渡至全脚掌，左腿蹬直，头部左转，看向左侧；同时左臂继续从腹部正前方摆向腹部左前方。

8 上身稍稍左转，左腿向左顶膝；同时左手从腹部正前方摆向腹部左前方。

9 右腿屈膝，上身右转；同时左手向右、向上画弧，靠近右手；头部也跟随右转。

10 双脚踏实，重心保持稳定；左手向左水平捋，一直捋至身体左侧，手臂打开，掌心向左，眼睛看向左手，视线跟随左手移动。

11 屈双膝，重心下降，左掌向上竖起，掌心向前。眼睛看向前方。

第六十八式 雀地龙

1 接上式。上身稍稍左转，前倾；同时右手钩手变掌，向左前方画弧至身前；左臂屈肘收向胸前。

2 上身右转，右腿向右顶膝，左腿伸展；同时右手变掌为拳，向头部前上方画弧；左手变掌为拳，收向右肩前。

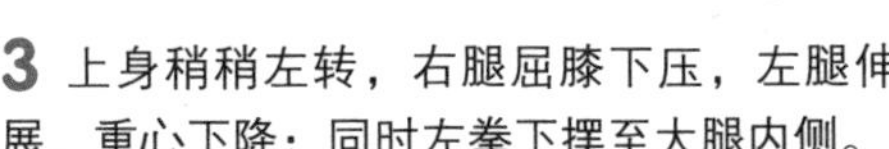

3 上身稍稍左转，右腿屈膝下压，左腿伸展，重心下降；同时左拳下摆至大腿内侧。

4 重心继续下降，右腿屈膝至大小腿几乎折叠；同时左拳向前伸至左腿的小腿上方；右拳尽量向右后方摆动。

第六十九式 上步七星

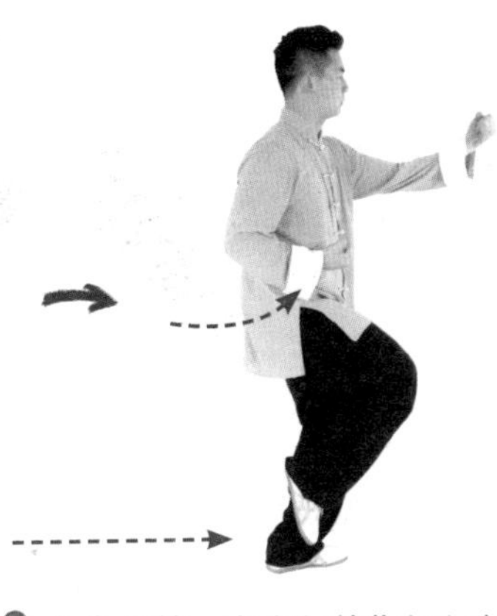

1 接上式。双腿站起，重心提升且前移，左膝前顶；同时右手在身后下摆。眼睛看向左手。

2 上身左转，右脚向前收向左脚，脚不挨地；同时左臂上抬，稍稍屈肘；右臂向身体右侧屈肘。

3 右脚向前落地，右膝伸展，上身稍稍后仰；同时双拳交叉于身前，约同肩高，拳心向内。眼睛看向双拳。

4 双拳保持交叉，同时向下、向内画弧至身前；背部跟随双拳的动作，稍稍后弓。

5 双拳从身前继续向前画弧，变拳为掌，左手掌心向右，右手掌心向左。

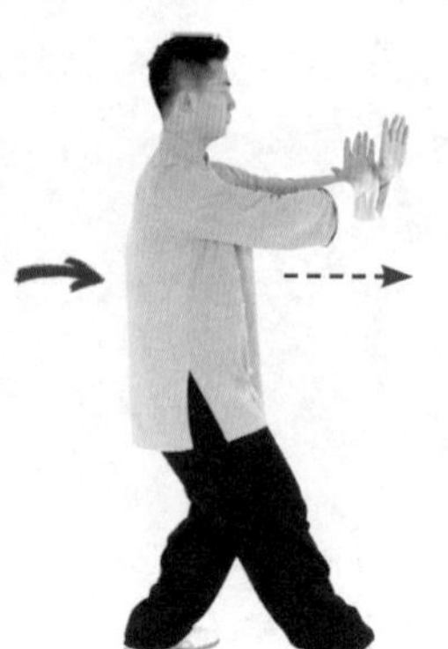

6 保持双掌交叉的姿势，双手突然发力前推。

第七十式 下步跨肱

1 接上式。右腿向后撤一大步，伸直。眼睛看向前方。

2 屈双膝，重心下降，上身右转；同时双手向右下方画弧。

3 上身继续右转，重心右移；左手画弧至腰部左侧；右手继续向右画弧至身体右侧，略低于肩。眼睛看向右手。

4 左脚收向右脚，脚不挨地，然后向前落步；同时左手向右上方画弧，右手向左下方画弧，两手在身前一上一下，右手掌心向左，左手掌心向右。

第七十一式　转身双摆莲

1 接上式。上身稍稍向左拧转；同时左手顺势继续向右摆，右手继续向左摆，双手在身前呈交叉状。

2 上身右转，右手外翻，屈肘向右画弧；左手向左下方按至髋部左前方。

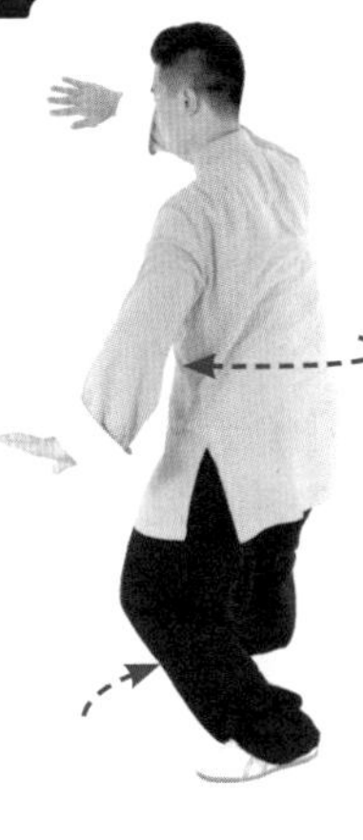

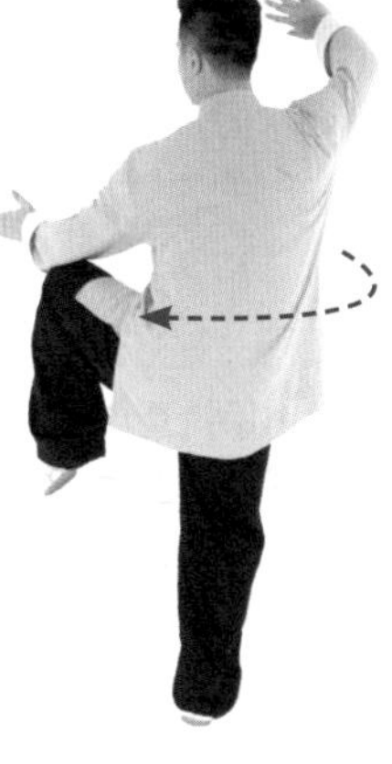

3 右脚脚跟点地，以右脚脚跟为轴，向右转体；右手继续向右画弧至头部右前方；左手保持在髋部左前方，跟随身体一起转动。

4 向右转体的过程中，左腿向上提膝，脚尖向下；同时左手向左上方画弧，保持与左膝上下相对。

5 保持双手姿势，继续快速向右转体。

6 转体整整360度。保持左膝提起，右手位于头部右前方，左手与左膝上下相对。眼睛看向前方。

7 左脚向左前方落步，同时右腿向右后方屈膝，重心右移；同时左臂向右后方摆至胸部右前方。紧接着左腿向前屈膝，重心再前移。

8 上身右转，重心右移；同时双手先小幅度向左上方摆动，然后再同时经脸部前方向右下方画弧至胸部右前方。双手一边画弧，双腿一边屈膝，重心下降。

9 右脚贴近左脚，脚不挨地，脚尖向下，上身稍稍左转；同时双臂同时稍稍左摆。

10 保持重心稳定，左脚蹬地发力，右脚向上踢出，同时双手向下拍击右脚脚面。眼睛看向双手。

11 右腿向下屈膝，上身稍稍左转；同时双手左摆，掌心向左。

第七十二式 当头炮

1 接上式。右腿向右后方撤一大步，上身左转约90度；同时双手经脸部前方向左画弧，左手画弧至左肩前方，右手画弧至胸部右前方，掌心均向前。

2 双腿屈膝，重心下压，上身前倾；同时双手向前下方画弧至腹部左前方。眼睛看向左下方。

3 右腿向右后方屈膝，左腿伸展开，重心右移，上身右转；同时双手向右下方画弧至腹部右前方，然后双掌变为双拳。

4 上身稍稍左转，重心左移；同时双拳摆向胸前。

5 右腿快速蹬直，上身快速左转；同时双拳快速向左上方出拳。眼睛看向出拳的方向。

第七十三式 金刚捣碓

1 接上式。双拳变为双掌，先向左上方小幅画弧，再向右下方画弧。

2 右腿向右顶膝，重心右移，上身右转；同时右手向外翻掌，向右水平画弧；左手外旋后也向右水平画弧。

3 重心继续右移，左腿伸展打开；同时右手向右画弧至右肩前方，左手向右画弧至胸前。眼睛看向左前方。

4 上身右转，双腿屈膝，重心下降；同时双手向右下方画弧。眼睛看向右下方双手的方向。

5 上身稍稍左转，重心左移；同时两手向左画弧，右手掌心向外，左手掌心向下。

6 上身继续左转，回正，左腿向前顶膝，右腿伸直打开；同时左手向左上方画弧至左肩前方，右手画弧至髋部右侧。

7 重心转移至左腿，上身继续左转，右脚收向左脚，脚不挨地；同时右手继续向前划至腰部右前方；左臂向身前屈肘。

8 右脚在身体右前方落地，屈膝；同时右臂前抬，掌心向上；左手收向左胸，再贴向右臂内侧。

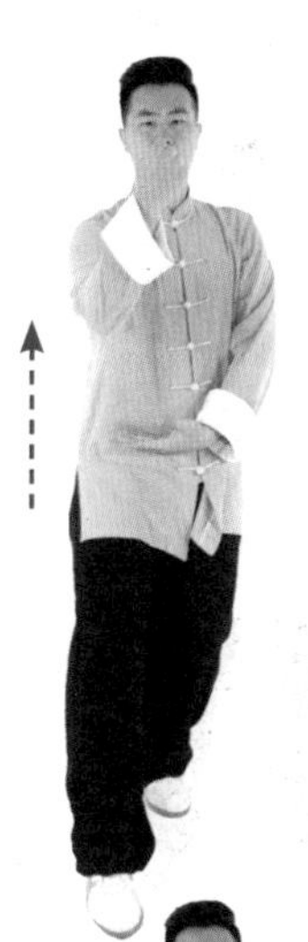

9 右臂屈肘上抬，右手至脸部前方时变掌为拳；同时左臂下落，掌心向上。

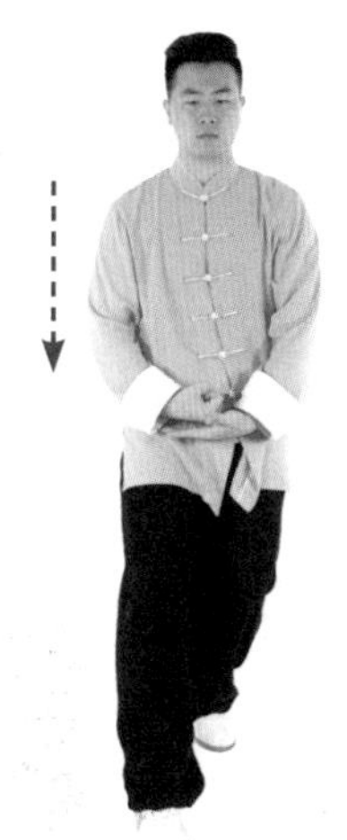

10 保持身体其他部位动作不变，右臂下落，右拳砸向左掌心。

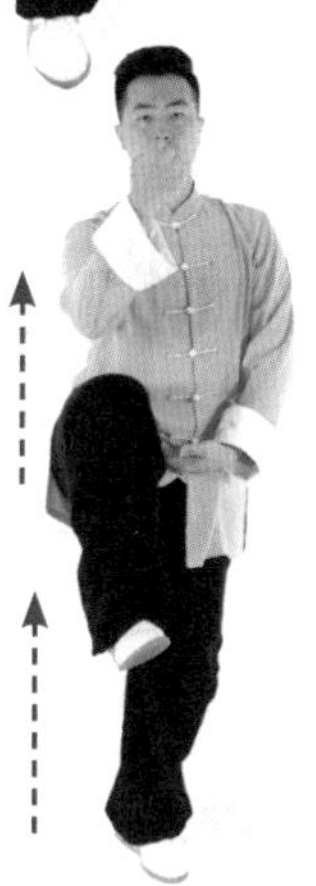

11 右臂再次屈肘上抬至右拳在脸部前方；同时右腿屈膝提起。

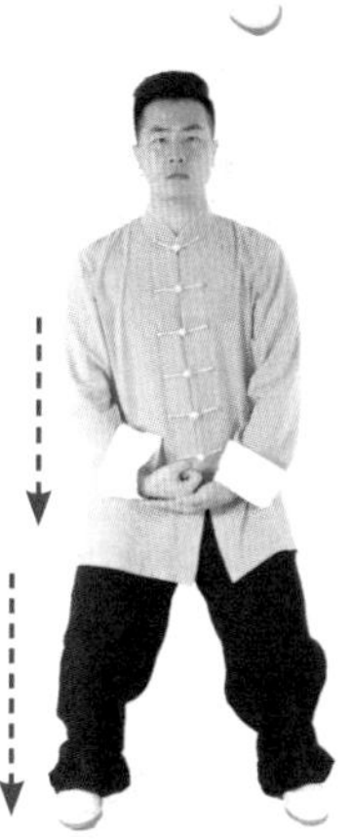

12 右臂再次下落，右拳砸向左掌心，做捣碓状；同时右脚向右落地，屈膝。

第七十四式 收势

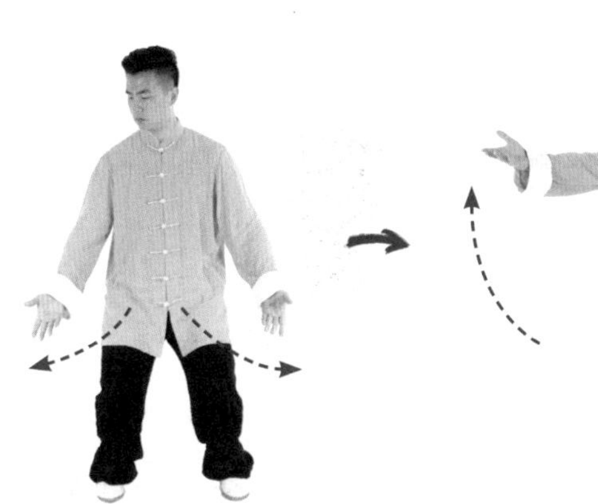

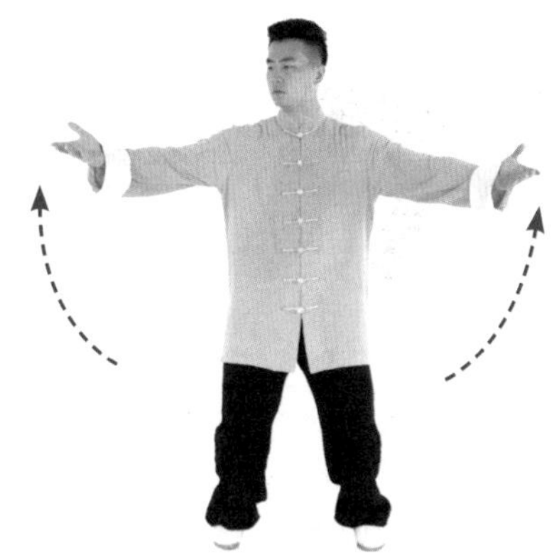

1 接上式。保持双腿屈膝的状态；同时右拳变掌，双手向身体两侧打开，掌心斜向前。眼睛看向右手的方向。

2 双手继续向身体两侧打开，直至约与肩平。

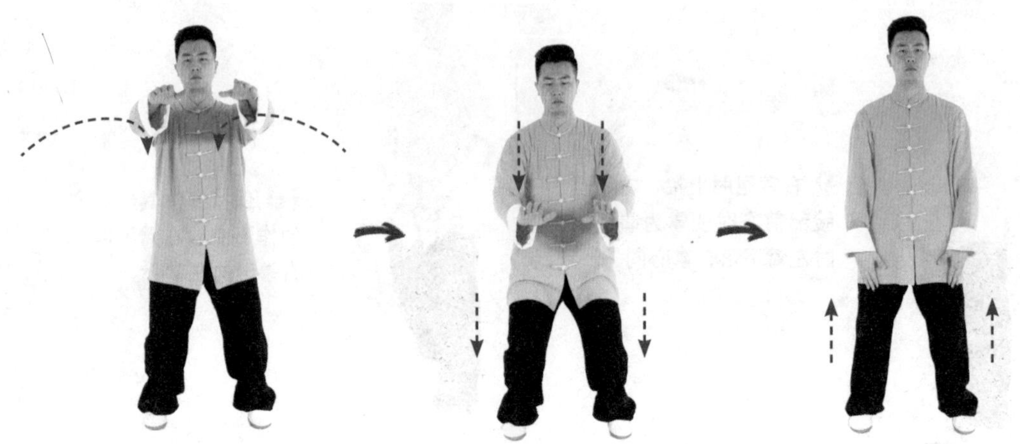

3 双腿逐渐伸直，重心上提；同时两手从身体两侧经脸部两侧缓慢画弧至双肩前方，掌心向下，眼睛看向前方。

4 双腿屈膝，重心下降；同时双掌下按至腹部前上方。

5 双腿伸直，双手下放至双腿前侧，掌心向内。眼睛看向前方。

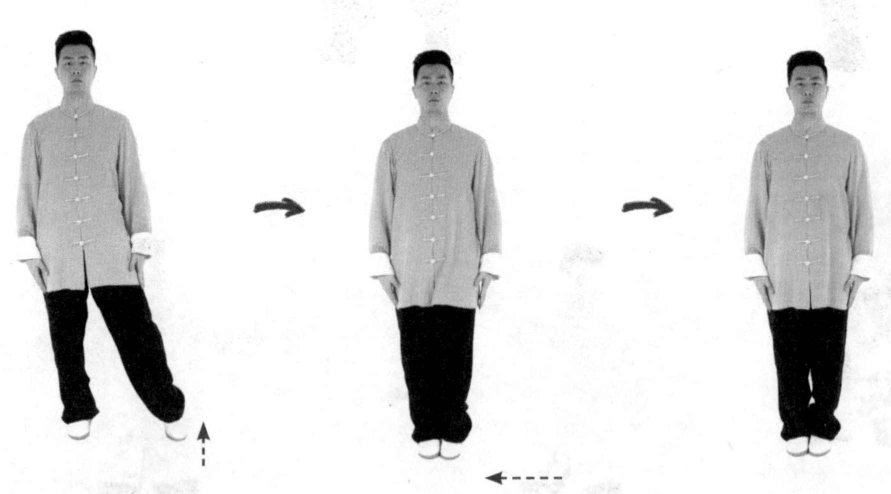

6 双手收向髋部两侧，掌心向内。然后左脚踮起脚尖。

7 保持身体其他部位不动，左脚收向右脚，脚尖点地。

8 左脚整个脚掌挨地，眼睛看向前方。陈氏太极拳老架一路74式整个套路展示完毕。